改訂版

完全予想

仏検 2級

著者
富田正二

新傾向問題完全対応

書き取り問題・聞き取り問題 編

駿河台出版社

まえがき

　仏検は正式名を実用フランス語技能検定試験（Diplôme d'Aptitude Pratique au Français）といって，実際に役だつフランス語を広めようという考えかたから発足しました。第１回の実施は1981年ですから，すでに20年以上の歴史を刻んできたことになります。この20年間でフランス語教育法もずいぶん変化しました。それは読む能力の養成だけに偏っていたものから，コミュニケーション能力を身につけさせるためのものへの方向転換だったといえるでしょう。語学学習は「話す，書く，聞く，読む」ということばが本来もっている役割を，できるだけむりのない段階を経ながら，総合的に身につけてゆかなければなりません。読む能力を高めることは語学学習にとって大切なことですが，それは言語をさまざまな側面から学習してゆくなかで，はじめて地に足のついた力となります。仏検はこうした改革の流れを先どりしていたのです。

　本書は，筆者がいくつかの大学で「仏検講座」を担当するにあたって，準備した資料をもとにして作りました。これまでに出題された問題をくわしく分析して，出題傾向をわりだしました。この結果にもとづいて章や項目をたてました。受験テクニックを教えるだけではなく，練習問題を終えたとき，自然に仏検各級の実力がついているようにしようというのがこの問題集のねらいです。仏検2級は仏検受験者には高い壁です。3級と2級の難易度の差が大きいからです。この難易度の差は語彙の差といいかえることができるでしょう。語彙力の習得はふだんの努力の蓄積によります。本書が仏検2級にふさわしい実力を養成する助けとなりますように祈ります。

　なお，過去に出題された問題の使用を許可してくださった財団法人フランス語教育振興協会，フランス語の例文作成に積極的に協力していただいたエルベ・ドリエップ氏にあつくお礼を申しあげます。また，本の出版を快諾していただいた駿河台出版社の井田洋二氏と，編集面で寛大にお世話いただいた同社編集部の上野名保子氏と山田仁氏に心からの謝意を表します。

　2004年秋

著者

　本書が出版されてから14年という歳月が流れました。その間にも仏検は，出題範囲，問題の形式および難易度という点で変化しました。このたびこうした新しい問題の傾向に対応した問題集にするため，筆記問題・聞き取り問題を全面的に改訂することにしました。なお，改訂にあたっては，使いやすさという点からご指摘いただいた読者の声も反映させました。また，フランス語の例文作成については，北九州在住のエルベ・ドリエップ氏と千葉商科大学のアニ

ー・ルノドン氏にお願いしました。

　本書は幸いにしてご好評をいただきました。本書のよりよい姿に関してご教示くださいました方々にお礼を申しあげます。今後ともさまざまなご指摘をいただければ幸いです。

　2019年春

著者

も く じ

まえがき …………………………………………………… i
本書の構成と使いかた …………………………………… iv
実用フランス語技能検定試験について ………………… v

書き取り問題 ……………………………………………… 1

聞き取り問題 ……………………………………………… 11
 1．インタビュー完成問題 ……………………………… 13
 2．内容一致問題 ………………………………………… 25

2次試験（面接試験）問題 ……………………………… 31

第1回実用フランス語技能検定模擬試験 ……………… 43
第2回実用フランス語技能検定模擬試験 ……………… 63

　別冊　解答編

本書の構成と使いかた

　各章は，そのまま実用フランス語技能検定試験問題の設問に対応しています。実用フランス語技能検定試験の CD を用いた試験は，最初に「書き取り試験」，次に「聞き取り試験」の順で行なわれます。「聞き取り試験」は，「1．応答文完成問題」，「2．内容一致問題」からなります。また，仏検2級の2次試験（面接試験）は1次試験合格者を対象として行なわれます。本書の EXERCICE（2次試験を含む）はすべて CD-ROM におさめました。CD-ROM の使い方は EXERCICE ごとに指示してあります。EXERCICE の解答は別冊になっています。そこには CD-ROM に録音されている内容を文字にしておさめてあります。

　最後のページに最近の出題形式をコピーした模擬試験問題(筆記問題を含む)が2部ついています。問題集が終わったら試してみてください。

　なお，仏検の解答用紙は記述問題をのぞいて，マークシート方式です。本書では紙幅の関係でマークシートを使っていませんのでご了承ください。なお「実用フランス語技能検定模擬試験」については仏検と同じ形式の解答用紙です。

　Bon courage !

実用フランス語技能検定試験について

　財団法人フランス語教育振興協会による試験実施要項にもとづいて，仏検の概要を紹介しておきます。

検定内容と程度

　つぎに紹介するのは，財団法人フランス語教育振興協会が定めているだいたいの目安です。だれでも，どの級でも受験することができます。試験範囲や程度について，もっと具体的な情報を知りたいという受験生には，過去に出題された問題を実際に解いてみるか，担当の先生に相談することをおすすめします。なお，5級と4級，4級と3級，3級と2級，2級と準1級，2級と1級の併願が可能です。

- **5　級**：初歩的なフランス語を理解し，聞き，話すことができる。学習50時間以上（中学生から，大学の1年前期修了程度の大学生に適している。）
  筆記試験と聞き取り試験（すべて客観形式）合わせて，約45分
- **4　級**：基礎的なフランス語を理解し，平易なフランス語を聞き，話し，読み，書くことができる。学習100時間以上（大学の1年修了程度。高校生も対象となる。）
  筆記試験と聞き取り試験（すべて客観形式）合わせて，約60分
- **3　級**：基本的なフランス語を理解し，簡単なフランス語を聞き，話し，読み，書くことができる。学習200時間以上（大学の2年修了程度。一部高校生も対象となる。）
  筆記試験と聞き取り試験（客観形式，一部記述式），約75分
- **準2級**：日常生活に必要なフランス語の基本的な運用力を身につけており，口頭で簡単な質疑応答ができる。学習300時間以上（大学の3年修了程度。）

《1次》筆記試験（客観形式，一部記述式）75分
　　　書き取り・聞き取り試験（記述式・客観形式併用）約25分
《2次》試験方法：面接試験約5分（フランス語での簡単な質疑応答）
　　　評価基準：日常生活レベルの簡単なコミュニケーション能力とフランス語力（発音・文法・語・句）を判定する。

- **2　級**：日常生活や社会生活に必要なフランス語を理解し，とくに口頭で表現できる。学習400時間以上（大学のフランス語専門課程4年程度で，読む力ばかりでなく，聞き，話し，ある程度書く力も要求される。）

《1次》筆記試験（記述式・客観形式併用）90分
　　　書き取り・聞き取り試験（記述式・客観形式併用）約35分
《2次》試験方法：面接試験約5分（フランス語での質疑応答）

評価基準：コミュニケーション能力（自己紹介、日常生活レベルの伝達能力）とフランス語力（発音・文法・語・句）を判定する。

準1級：日常生活や社会生活に必要なフランス語を理解し，とくに口頭で表現できる。学習500時間以上（大学のフランス語専門課程卒業の学力を備え，新聞・雑誌などの解説・記事を読み，その大意を要約できる　だけのフランス語運用能力と知識が要求される。）

《1次》筆記試験（記述式・客観形式併用）100分

書き取り・聞き取り試験（記述式・客観形式併用）約35分

《2次》試験方法：面接試験約7分（あらかじめあたえられた課題に関するスピーチとそれをめぐるフラ語での質疑応答）

評価基準：コミュニケーション能力（自分の意見を要領よく表現する能力）とフランス語力（発音・文法・語・句）を判定する。

1　級：高度な内容をもつ文をふくめて，広く社会生活に必要なフランス語を十分に理解し，自分の意見を表現できる。「聞く」「話す」「読む」「書く」という能力を高度にバランスよく身につけ，フランス語を実　地に役立てる職業で即戦力となる。学習600時間以上。

《1次》筆記試験（記述式・客観形式併用）120分

書き取り・聞き取り試験（記述式・客観形式併用）約40分

《2次》試験方法：面接試験約9分（あらかじめあたえられた課題に関するスピーチとそれをめぐるフランス語での質疑応答）

評価基準：コミュニケーション能力（自分の意見を要領よく表現する能力）とフランス語力（発音・文法・語・句）を判定する。

注意　＊多肢選択式の問題の解答はマークシート方式です。

＊1級・準1級・2級・準2級の2次試験は，1次試験の合格者だけを対象とします。
1次試験合格者には2次試験集合時間を，1次試験結果通知に個別に記載します。なお，変更等はいっさい受け付けられませんのでご了承ください。

＊2次試験では，フランス語を母国語とする人ならびに日本人からなる試験委員がフランス語で個人面接をします。

＊3級・4級・5級には2次試験はありません。

試験日程

春季と秋季の年2回（1級は春季，準1級は秋季だけ）実施されます。なお，願書の受付締め切り日は，1次試験の約1ヶ月半まえです。

春季《1次試験》6月　　　　1級，2級，準2級，3級，4級，5級

　　《2次試験》7月　　　　1級，2級，準2級

秋季《一次試験》11月　　　準1級，2級，準2級，3級，4級，5級

《二次試験》翌年1月　準1級，2級，準2級

試験地

　受験地の選択は自由です。具体的な試験会場は，受付がすんでから受験生各人に連絡されます。2次試験があるのは1級，準1級，2級，準2級だけです。

《1次試験》

札幌，弘前，盛岡，仙台，秋田，福島，水戸（1・準1級は実施せず），宇都宮（1・準1級は実施せず），群馬，草加，千葉，東京（渋谷），東京（成城），新潟（1級は実施せず），富山，金沢，甲府，松本，岐阜，静岡，三島，名古屋，京都，大阪，西宮，奈良，鳥取（1・準1級は実施せず），松江（1・準1級は実施せず），岡山，広島，高松（1・準1級は実施せず），松山（1・準1級は実施せず），福岡，長崎，熊本（1・準1・2級は実施せず），別府（1級は実施せず），宮崎，鹿児島（1・準1・2級は実施せず），西原町（沖縄県），パリ

《2次試験》

札幌，盛岡，仙台，群馬（1・準1級は実施せず），東京，新潟（1級は実施せず），金沢，静岡（1級は実施せず），名古屋，京都，大阪，広島，高松（1・準1級は実施せず），福岡，長崎，熊本，西原町（1級は実施せず），パリ（1・準1・2・準2級のみ実施）

　注意　試験日程および会場は，年によって変更される可能性がありますので，くわしくはフランス語教育振興協会仏検事務局までお問い合わせください。

問い合わせ先

　仏検受付センター
　Tel. 03-5778-4073　Fax 03-3486-1075
　www.apefdapf.org

書き取り問題

書き取り試験は，CDを用いておこなわれます。全文書き取りです。6～7行の短文が4回読まれます。はじめの2回はふつうの速さで読まれますから，落ち着いてどういう内容なのかを理解するようにしましょう。メモは自由にとることができます。ただし，聞くことに集中するためにもメモは，ごく簡単なものにとどめるほうがよいかもしれません。3回目は，ポーズをおいて読まれますから，このときに書き取ります。4回目にもう一度ふつうの速さで読まれますから，書き取った文を確認します。

　3回目では，句読記号がフランス語で読まれますから，これを覚えておく必要があります。

　　. point 　　　　, virgule 　　　 : deux-points 　　　　 ; point-virgule
　　? point d'interrogation 　　　 ! point d'exclamation
　　... points de suspension
　　— tiret 　　　 ( ) parenthèses 　　　 « » guillemets

かっこを開く[閉じる] 　　　　 ouvrez [fermez] la parenthèse
ギュメを開く[閉じる] 　　　　 ouvrez [fermez] les guillemets
改行 　　　　　　　　　　　　à la ligne

　書き取りですから，聞こえてきたフランス語を正確なつづりで書いていけばよいのですが，たんにそれだけですまないのがフランス語の書き取りのむずかしさです。リエゾンやアンシェヌマンおよび発音されないつづりを書き取るには発音規則を正しく理解しておく必要があります。また過去分詞と形容詞の性・数一致を書き取るには文法知識が必要になりますし，動詞の活用も正確に書けるようにしておかなければなりません。したがって，書き取り試験では，聞き取る力もさることながら，フランス語の総合的な能力がためされるともいえます。

注意事項

フランス語の文章を,次の要領で4回読みます。全文を書き取ってください。

・1回目,2回目は,ふつうの速さで全文を読みます。内容をよく理解するようにしてください。

・3回目は,ポーズをおきますから,その間に書き取ってください(句読点も読みます)。

・最後にもう1回ふつうの速さで全文を読みます。

・読み終わってから3分後に,聞き取り試験にうつります。

・数を書く場合は,算用数字で書いてかまいません。(配点 14)

(この「注意事項」は書き取り試験に関するものです。したがって,本章の **EXERCICE 1**〜**EXERCICE 10** に共通しています)

EXERCICE 1

(CD-ROM は 002 → 002 → 003 → 002 の順で聞いてください)

EXERCICE 2

（CD-ROM は 004 → 004 → 005 → 004 の順で聞いてください）

EXERCICE 3

（CD-ROM は 006 → 006 → 007 → 006 の順で聞いてください）

EXERCICE 4

(CD-ROM は 008 → 008 → 009 → 008 の順で聞いてください)

EXERCICE 5

(CD-ROM は 010 → 010 → 011 → 010 の順で聞いてください)

EXERCICE 6

（CD-ROM は 012 → 012 → 013 → 012 の順で聞いてください）

EXERCICE 7

（CD-ROM は 014 → 014 → 015 → 014 の順で聞いてください）

EXERCICE 8

(CD-ROM は 016 → 016 → 017 → 016 の順で聞いてください)

EXERCICE 9

(CD-ROM は 018 → 018 → 019 → 018 の順で聞いてください)

EXERCICE 10

（CD-ROM は 020 → 020 → 021 → 020 の順で聞いてください）

聞き取り問題

1
インタビュー完成問題

　インタビューの内容にそった質問に対する応答文を完成する問題で，配点は8点です。はじめにテキストとこれに関する質問文が読まれます。全体としてどういう内容なのかを理解するようにしましょう。質問は，用意されている応答文を見ながら聞いてください。次に再度テキストが読まれますから，このときに，応答文の関係する事柄は日本語でもいいですからメモをとっておきます。次に2回目の質問文が読まれます。ここではポーズが入りますから，答えを空欄に記入します。最後にテキストだけ3回目が読まれます。記入した解答につづりや文法のまちがいがないかを見直しましょう。

　この問題では，質問と応答はテキストにそったものですから，テキストを聞いたときのメモが重要になります。そういう意味では，書き取り問題の応用ともいえます。

出題例（2016年春季①）

- まず，ある音楽祭（festival de musique）を主宰するMarie-Noëlleへのインタビューを聞いてください。
- つづいて、それについての5つの質問を読みます。
- もう1回、インタビューを聞いてください。
- もう1回、5つの質問を読みます。1問ごとにポーズをおきますから、その間に、答えを解答用紙の解答欄にフランス語で書いてください。
- それぞれの（　）内に1語入ります。
- 答えを書く時間は、1問につき10秒です。
- 最後に、もう1回インタビューを聞いてください。
- 数を記入する場合は、算用数字で書いてください。
（メモは自由にとってかまいません）（配点　8）

(1) Oui, son histoire commence au (　　) des années (　　).

(2) Une (　　) de concerts (　　) entre 100 et 300 spectateurs par soir.

(3) Selon elle, le festival a réussi grâce à un (　　) très (　　).

(4) Ce sont des chanteurs qui (　　) les oiseaux.

(5) Elle pense que c'est vraiment quelque chose d'(　　).

注意事項

1. 途中退室はいっさい認めません。
2. 書き取り・聞き取り試験は，CD でおこないます。
3. 解答用紙の所定欄に，**受験番号**と**カナ氏名**が印刷されていますから，まちがいがないか，確認してください。
4. CD の指示にしたがい，中を開いて，日本語の説明をよく読んでください。フランス語で書かれた部分にも目を通しておいてください。
5. 解答はすべて別紙の書き取り・聞き取り試験解答用紙の所定欄に，HB または B の黒鉛筆（シャープペンシルも可）で記入またはマークしてください。
6. 問題内容に関する質問はいっさい受けつけません。
7. **携帯電話等の電子機器の電源はかならず切って，かばん等にしまってください。**
8. 時計のアラームは使用しないでください。

（この「注意事項」は聞き取り試験に共通するものです。したがって，この問題集の「1．インタビュー完成問題」と「2．内容一致問題」では，この「注意事項」を省略します）

EXERCICE 1

- まず，動物園長の Delphine へのインタビューを聞いてください。
- つづいて，それについての6つの質問を読みます。
- もう1回，インタビューを聞いてください。
- もう1回，6つの質問を読みます。1問ごとにポーズをおきますから，その間に，答えを解答用紙の解答欄にフランス語で書いてください。
- それぞれの（ ）内に1語入ります。
- 答えを書く時間は，1問につき10秒です。
- 最後に，もう1回インタビューを聞いてください。
- 数を記入する場合は，算用数字で書いてください。
（メモは自由にとってかまいません）

〈CD-ROM を聞く順番〉 022 → 023 → 022 → 024 → 022

(1) Elle est allée voir le (   ) de la République pour lui demander d'(   ) pour le zoo.

(2) (   ) ans.

(3) L'année (   ).

(4) Non. Il a fallu (   ) tous les zoos qui accueillent des pandas dans le monde.

(5) Pour la partie (   ) oui.

(6) Parce que les pandas (   ) une (   ) qui est en voie de disparition.

(1)	
(2)	
(3)	
(4)	
(5)	
(6)	

EXERCICE 2

- まず，ホテル支配人の Monique へのインタビューを聞いてください。
- つづいて，それについての6つの質問を読みます。
- もう1回，インタビューを聞いてください。
- もう1回，6つの質問を読みます。1問ごとにポーズをおきますから，その間に，答えを解答用紙の解答欄にフランス語で書いてください。
- それぞれの（　）内に1語入ります。
- 答えを書く時間は，1問につき10秒です。
- 最後に，もう1回インタビューを聞いてください。
- 数を記入する場合は，算用数字で書いてください。
（メモは自由にとってかまいません）
〈CD-ROM を聞く順番〉 025 → 026 → 025 → 027 → 025

(1) Elle le dirige depuis (　　) ans.

(2) Elle a pris la (　　) de ses parents qui avaient dirigé cet hôtel.

(3) Non, elle a fait des études pour devenir (　　).

(4) Non, elle était très à l'(　　) parce qu'elle prenait souvent le (　　) de réceptionniste pour aider ses parents.

(5) Elle (　　) à tout.

(6) Elle pense que les (　　) sont contraignants, mais elle aime le (　　) avec les clients.

(1)	
(2)	
(3)	
(4)	
(5)	
(6)	

EXERCICE 3

- まず，建築家（architecte）の Roger へのインタビューを聞いてください。
- つづいて，それについての5つの質問を読みます。
- もう1回，インタビューを聞いてください。
- もう1回，5つの質問を読みます。1問ごとにポーズをおきますから，その間に，答えを解答用紙の解答欄にフランス語で書いてください。
- それぞれの（　）内に1語入ります。
- 答えを書く時間は，1問につき10秒です。
- 最後に，もう1回インタビューを聞いてください。
- 数を記入する場合は，算用数字で書いてください。
（メモは自由にとってかまいません）
〈CD-ROM を聞く順番〉 028 → 029 → 028 → 030 → 028

(1) Seulement une (　　).

(2) Il a (　　) avec ce métier (　　) à l'âge de 14 ans.

(3) Ils doivent suivre un stage de 4 mois à temps (　　) ou de 6 mois à temps (　　).

(4) C'est (　　) un cabinet d'architecture.

(5) C'est de se mettre à son (　　) parce qu'il avait envie d'avoir la (　　) mise sur ce qu'il faisait.

(1)	
(2)	
(3)	
(4)	
(5)	

EXERCICE 4

- まず，弁護士の Joseph へのインタビューを聞いてください。
- つづいて，それについての6つの質問を読みます。
- もう1回，インタビューを聞いてください。
- もう1回，6つの質問を読みます。1問ごとにポーズをおきますから，その間に，答えを解答用紙の解答欄にフランス語で書いてください。
- それぞれの（　　）内に1語入ります。
- 答えを書く時間は，1問につき10秒です。
- 最後に，もう1回インタビューを聞いてください。
- 数を記入する場合は，算用数字で書いてください。
  （メモは自由にとってかまいません）
  〈CD-ROM を聞く順番〉 **031** → **032** → **031** → **033** → **031**

(1) C'est pour traiter un (　　　).

(2) C'est d'(　　　) à son client les (　　　).

(3) Il traite les affaires dans le domaine de l'(　　　).

(4) Non, il ne ment pas parce qu'il n'est pas le (　　　) de son client.

(5) Parce que son client peut se (　　　) de ses mauvais services (　　　) de lui.

(6) Il peut en changer lorsque son avocat se (　　　) d'une affaire.

(1)	
(2)	
(3)	
(4)	
(5)	
(6)	

EXERCICE 5

- まず，フランスからカナダへの移住者の Babette へのインタビューを聞いてください。
- つづいて，それについての 6 つの質問を読みます。
- もう 1 回，インタビューを聞いてください。
- もう 1 回，6 つの質問を読みます。1 問ごとにポーズをおきますから，その間に，答えを解答用紙の解答欄にフランス語で書いてください。
- それぞれの（　）内に 1 語入ります。
- 答えを書く時間は，1 問につき10秒です。
- 最後に，もう 1 回インタビューを聞いてください。
- 数を記入する場合は，算用数字で書いてください。
  （メモは自由にとってかまいません）
  〈CD-ROM を聞く順番〉 034 → 035 → 034 → 036 → 034

(1) Parce que les Québécois sont très (　　　) et tout le monde y parle le français.

(2) Oui, elle avait un frère qui a étudié (　　　) quatre ans à Montréal.

(3) Tout ! Elle aimait visiter les (　　　), se promener dans les (　　　).

(4) Oui, elle est (　　　) dans un restaurant français.

(5) Elle travaille (　　　) jours par semaine, du (　　　) au samedi, seulement le soir.

(6) Elle aura (　　　) ans.

(1)	
(2)	
(3)	
(4)	
(5)	
(6)	

EXERCICE 6

・まず，テレビ番組の司会者 Olivier へのインタビューを聞いてください。
・つづいて，それについての 6 つの質問を読みます。
・もう 1 回，インタビューを聞いてください。
・もう 1 回，6 つの質問を読みます。1 問ごとにポーズをおきますから，その間に，答えを解答用紙の解答欄にフランス語で書いてください。
・それぞれの（　）内に 1 語入ります。
・答えを書く時間は，1 問につき10秒です。
・最後に，もう 1 回インタビューを聞いてください。
・数を記入する場合は，算用数字で書いてください。
（メモは自由にとってかまいません）
〈CD-ROM を聞く順番〉 037 → 038 → 037 → 039 → 037

(1) C'est le fait de (　　　) quelque chose de familial en début de (　　　).

(2) Parce que les personnes qui sont passées dans cette émission ne sont pas des (　　　).

(3) Non, les (　　　) dans la salle sont tous membres du jury.

(4) Non, les enfants sont souvent plus (　　　) que les parents.

(5) Non, il ne s'est pas (　　　) de parler comme d'(　　　).

(6) Oui, il s'y sent très à l'(　　　).

(1)	
(2)	
(3)	
(4)	
(5)	
(6)	

EXERCICE 7

- まず，報道カメラマンの Guillaume へのインタビューを聞いてください。
- つづいて，それについての6つの質問を読みます。
- もう1回，インタビューを聞いてください。
- もう1回，6つの質問を読みます。1問ごとにポーズをおきますから，その間に，答えを解答用紙の解答欄にフランス語で書いてください。
- それぞれの（　）内に1語入ります。
- 答えを書く時間は，1問につき10秒です。
- 最後に，もう1回インタビューを聞いてください。
- 数を記入する場合は，算用数字で書いてください。

（メモは自由にとってかまいません）

〈CD-ROM を聞く順番〉 040 → 041 → 040 → 042 → 040

(1) Il était étudiant en (　　) à Montpellier.

(2) Parce que les photographes avaient une (　　) place que lui quand il est allé voir un match de football.

(3) Non, un photographe qu'il a eu la chance de rencontrer l'a (　　) pendant trois mois.

(4) Il faut être sur le (　　), se poser beaucoup de questions, avoir une envie de (　　).

(5) Aux gros (　　) sportifs.

(6) Oui, c'est (　　), mais c'est loin d'être un (　　).

(1)	
(2)	
(3)	
(4)	
(5)	
(6)	

EXERCICE 8

- まず，野鳥保護協会長の Dominique へのインタビューを聞いてください。
- つづいて，それについての6つの質問を読みます。
- もう1回，インタビューを聞いてください。
- もう1回，6つの質問を読みます。1問ごとにポーズをおきますから，その間に，答えを解答用紙の解答欄にフランス語で書いてください。
- それぞれの（　）内に1語入ります。
- 答えを書く時間は，1問につき10秒です。
- 最後に，もう1回インタビューを聞いてください。
- 数を記入する場合は，算用数字で書いてください。

（メモは自由にとってかまいません）

〈CD-ROM を聞く順番〉 043 → 044 → 043 → 045 → 043

(1) Oui, il y avait une (　　) loi qui visait à protéger «les oiseaux utiles à l'(　　)».

(2) Parce que la loi protégeant les oiseaux n'était pas (　　).

(3) Elle s'est (　　) à agir pour «l'oiseau libre».

(4) Non, elle a compris que tous les animaux avaient (　　) d'être aidés.

(5) Oui, elles (　　) parmi les (　　) les plus remarquables du monde.

(6) On a le (　　) de le protéger.

(1)	
(2)	
(3)	
(4)	
(5)	
(6)	

EXERCICE 9

- まず，女優の Claudia へのインタビューを聞いてください。
- つづいて，それについての 6 つの質問を読みます。
- もう 1 回，インタビューを聞いてください。
- もう 1 回，6 つの質問を読みます。1 問ごとにポーズをおきますから，その間に，答えを解答用紙の解答欄にフランス語で書いてください。
- それぞれの（　）内に 1 語入ります。
- 答えを書く時間は，1 問につき10秒です。
- 最後に，もう 1 回インタビューを聞いてください。
- 数を記入する場合は，算用数字で書いてください。

（メモは自由にとってかまいません）

〈CD-ROM を聞く順番〉 046 → 047 → 046 → 048 → 046

(1) Est-ce que Claudia a des amis seulement en France ?
— Non, elle a des amis aussi à l'(　　).

(2) Combien de films Claudia a-t-elle tourné au total ?
— Elle a joué dans (　　) films et 17 spots (　　).

(3) Pourquoi Claudia ne voyage-t-elle pas beaucoup ?
— Parce qu'elle a deux enfants et elle veut rester (　　) de sa famille.

(4) Claudia a quel âge ?
— Elle a (　　) ans.

(5) Quand est-ce que le jury du festival va donner le nom du film gagnant ?
— Ce (　　).

(6) Comment est-ce que Claudia se sent en attendant l'annonce du résultat.
— Elle est un peu (　　) mais elle pense que c'est (　　).

(1)	
(2)	
(3)	
(4)	
(5)	
(6)	

EXERCICE 10

- まず，ロボット発明家の Patrick へのインタビューを聞いてください．
- つづいて，それについての7つの質問を読みます．
- もう1回，インタビューを聞いてください．
- もう1回，7つの質問を読みます．1問ごとにポーズをおきますから，その間に，答えを解答用紙の解答欄にフランス語で書いてください．
- それぞれの（　）内に1語入ります．
- 答えを書く時間は，1問につき10秒です．
- 最後に，もう1回インタビューを聞いてください．
- 数を記入する場合は，算用数字で書いてください．
（メモは自由にとってかまいません）
〈CD-ROM を聞く順番〉 049 → 050 → 049 → 051 → 049

(1) Il peut (　　) les plants.

(2) On peut le contrôler de n'(　　) où avec son téléphone.

(3) Oui, et il a déjà récolté quelques (　　).

(4) Six (　　).

(5) C'est son père qui l'a beaucoup (　　) et lui a donné des (　　).

(6) Il faisait beaucoup de (　　).

(7) Il ne sait pas, mais il se (　　) sans doute vers des études d'ingénierie, dans la robotique.

(1)	
(2)	
(3)	
(4)	
(5)	
(6)	
(7)	

2
内容一致問題

　10の短文がテキストの内容と一致するかどうかを答える問題で，配点は10点です。はじめに，テキストが2回読まれます。1回目は，全体としてどういう内容なのかを理解するようにしましょう。場所，曜日，数字などポイントになりそうなことをメモしておきましょう。2回目は，このメモをさらに正確で詳しいものにします。次に，設問が2回読まれます。1回目は設問の意味を理解しながら，ポイントをメモしておきましょう。2回目に設問が読まれるときに，正誤の判断をしてゆきます。最後にテキストだけ3回目が読まれます。とくに正誤の判断が曖昧だった事柄に注意しながら，全体を確認していきます。

　この問題では，はじめの2回でテキストを聞いたときのメモが重要になります。ポイントになりそうなところを見ぬかなければなりません。設問のなかには，数字や日付だけがテキストの内容と違っていたりしますから注意しましょう。

出題例（2015年秋季 ）

- まず、スイスの町で起きた火事の話を2回聞いてください。
- 次に、その内容について述べた文(1)～(10)を2回通して読みます。それぞれの文が話の内容に一致する場合は解答欄の ① に、一致しない場合は ② にマークしてください。
- 最後に、もう1回話を聞いてください。
（メモは自由にとってかまいません）（配点　10）

EXERCICE 1

- まず，レストラン経営者 Chantal の話を2回聞いてください。
- 次に，その内容について述べた文(1)〜(10)を2回通して読みます。それぞれの文が話の内容に一致する場合は解答欄に①と，一致しない場合は②と記入してください。
- 最後に，もう1回 Chantal の話を聞いてください。

　（メモは自由にとってかまいません）

　（CD-ROM は 052 → 052 → 053 → 053 → 052 の順で聞いてください）

(1)	(2)	(3)	(4)	(5)	(6)	(7)	(8)	(9)	(10)

EXERCICE 2

- まず，タクシードライバー Jean の話を2回聞いてください。
- 次に，その内容について述べた文(1)〜(10)を2回通して読みます。それぞれの文が話の内容に一致する場合は解答欄に①と，一致しない場合は②と記入してください。
- 最後に，もう1回 Jean の話を聞いてください。

　（メモは自由にとってかまいません）

　（CD-ROM は 054 → 054 → 055 → 055 → 054 の順で聞いてください）

(1)	(2)	(3)	(4)	(5)	(6)	(7)	(8)	(9)	(10)

EXERCICE 3

- まず，Delphine の話を2回聞いてください。
- 次に，その内容について述べた文(1)〜(10)を2回通して読みます。それぞれの文が話の内容に一致する場合は解答欄に①と，一致しない場合は②と記入してください。
- 最後に，もう1回 Delphine の話を聞いてください。

　（メモは自由にとってかまいません）

　（CD-ROM は 056 → 056 → 057 → 057 → 056 の順で聞いてください）

(1)	(2)	(3)	(4)	(5)	(6)	(7)	(8)	(9)	(10)

EXERCICE 4

- まず，パン屋 Pierre の話を 2 回聞いてください。
- 次に，その内容について述べた文(1)～(10)を 2 回通して読みます。それぞれの文が話の内容に一致する場合は解答欄に①と，一致しない場合は②と記入してください。
- 最後に，もう 1 回 Pierre の話を聞いてください。

  （メモは自由にとってかまいません）

  （CD-ROM は 058 → 058 → 059 → 059 → 058 の順で聞いてください）

(1)	(2)	(3)	(4)	(5)	(6)	(7)	(8)	(9)	(10)

EXERCICE 5

- まず，Corinne の話を 2 回聞いてください。
- 次に，その内容について述べた文(1)～(10)を 2 回通して読みます。それぞれの文が話の内容に一致する場合は解答欄に①と，一致しない場合は②と記入してください。
- 最後に，もう 1 回 Corinne の話を聞いてください。

  （メモは自由にとってかまいません）

  （CD-ROM は 060 → 060 → 061 → 061 → 060 の順で聞いてください）

(1)	(2)	(3)	(4)	(5)	(6)	(7)	(8)	(9)	(10)

EXERCICE 6

- まず，作家 Victor の話を 2 回聞いてください。
- 次に，その内容について述べた文(1)～(10)を 2 回通して読みます。それぞれの文が話の内容に一致する場合は解答欄に①と，一致しない場合は②と記入してください。
- 最後に，もう 1 回 Victor の話を聞いてください。

  （メモは自由にとってかまいません）

  （CD-ROM は 062 → 062 → 063 → 063 → 062 の順で聞いてください）

(1)	(2)	(3)	(4)	(5)	(6)	(7)	(8)	(9)	(10)

EXERCICE 7

- まず，François の話を 2 回聞いてください。
- 次に，その内容について述べた文(1)〜(10)を 2 回通して読みます。それぞれの文が話の内容に一致する場合は解答欄に①と，一致しない場合は②と記入してください。
- 最後に，もう 1 回 François の話を聞いてください。

  （メモは自由にとってかまいません）

  （CD-ROM は 064 → 064 → 065 → 065 → 064 の順で聞いてください）

(1)	(2)	(3)	(4)	(5)	(6)	(7)	(8)	(9)	(10)

EXERCICE 8

- まず，Lili の話を 2 回聞いてください。
- 次に，その内容について述べた文(1)〜(10)を 2 回通して読みます。それぞれの文が話の内容に一致する場合は解答欄に①と，一致しない場合は②と記入してください。
- 最後に，もう 1 回 Lili の話を聞いてください。

  （メモは自由にとってかまいません）

  （CD-ROM は 066 → 066 → 067 → 067 → 066 の順で聞いてください）

(1)	(2)	(3)	(4)	(5)	(6)	(7)	(8)	(9)	(10)

EXERCICE 9

- まず，救助犬 Bipper に関する話を 2 回聞いてください。
- 次に，その内容について述べた文(1)〜(10)を 2 回通して読みます。それぞれの文が話の内容に一致する場合は解答欄に①と，一致しない場合は②と記入してください。
- 最後に，もう 1 回 Bipper に関する話を聞いてください。

  （メモは自由にとってかまいません）

  （CD-ROM は 068 → 068 → 069 → 069 → 068 の順で聞いてください）

(1)	(2)	(3)	(4)	(5)	(6)	(7)	(8)	(9)	(10)

EXERCICE 10

- まず，Blier 家の人の話を 2 回聞いてください。
- 次に，その内容について述べた文(1)〜(10)を 2 回通して読みます。それぞれの文が話の内容に一致する場合は解答欄に①と，一致しない場合は②と記入してください。
- 最後に，もう 1 回 Blier 家の人の話を聞いてください。

  （メモは自由にとってかまいません）

  （CD-ROM は 070 → 070 → 071 → 071 → 070 の順で聞いてください）

(1)	(2)	(3)	(4)	(5)	(6)	(7)	(8)	(9)	(10)

2次試験

面接試験（2次試験）について

　一次試験の合格者を対象とした個人面接試験は，フランス人と日本人の面接委員が二人一組になっておこないます。時間は約5分間で，質問はおもにフランス人委員がします。指示にしたがって試験室へ入ったら，会話はすべてフランス語でおこなわれます。まず挨拶（Bonjour）を忘れないようにしましょう。そうすれば面接委員からも挨拶がかえされ，椅子にかけるようにすすめられるはずです。はじめに，受験者の確認のために，名前，身分，職業など簡単な質問（Voulez-vous vous présenter ? ／ Qu'est-ce que vous faites ?, *etc.*）がありますから，自己紹介の準備をしておいてください。名前だけではなく，職業や身分を長くなりすぎない程度につけ加えましょう（Je m'appelle... ／ Je suis étudiant en lettres [en droit]. ／ Je suis étudiante ; j'étudie l'économie ／ Je travaille dans une maison de commerce, *etc.*）。自分がどういう人物なのかを知らせることによって，面接委員も質問リストのなかから受験者にふさわしいものを選びやすくなります。そのあと，面接委員はあらかじめ用意された10の質問リストのなかから，受験生に適切と思われるものを選び，質問します。質問がよく聞きとれなかったり，意味がよくわからなかったりしたら，聞き直してください（Pardon ? ／ Vous pourriez répéter la question ？, Je ne comprends pas bien votre question. *etc.*）。また，質問の内容がまったく興味のないことだったら，そのことを相手に伝えればいいのです。とにかく黙ってしまうのが一番よくありません。

　2級の面接試験では，一般教養の知識がためされるのでも，論文を理路整然と組みたてる力がためされるのでもありません。また質問に対する回答には正答も誤答もありません。質問はだいたい受験者自身の個人的な経験や見解を求めるものです。あせらず，冷静に答えるようにしてください。要求されているのは，流暢に話すことより，自分の話をいかに相手に伝えようとしているかです。できるだけはきはきと大きな声で話すことが大切です。質問に答えるときには，単語1語だけで答えるのは感心しません。自分がその会話に興味をもっていることを相手に伝えるために，短く単純な返事は避けることが大切です。Et, Mais, Parce que などの語を使って返事の内容を膨らませるのも1つの方法です。

　試験時間が終了して，退出する際にはあいさつ（Au revoir, bonne journée !）をするように心がけましょう。

　面接試験の対策としては，フランス語の各種教材のCD，インターネット，ニュース番組，映画などを活用してできるだけフランス語を聞く機会をふやすようにしましょう。また，気に入ったフランス語の文章を暗唱したり，ある程度の長さのフランス語を繰り返し声に出して発音する練習もしてみましょう。

2級の2次試験は次のように進行します。

試験方法

○試験は個人面接です。面接委員はフランス人1人と日本人1人です。すべてフランス語で進行します。
○指示に従い試験室に入室し，はじめに氏名などについてフランス語で簡単な質問がありますから，フランス語で答えてください。
○フランス人面接委員より，ひとつのテーマについて話すように求められますから，受験者はそのテーマについて話します。
○受験者の話をもとにして面接委員から質問がありますから，それに答えます。
○時間に余裕があれば，そのほかの点についても質問されることがあります。
○試験時間は入室から退室まで，全体で5分です。
＊注意＊　試験入室前に携帯電話の電源を切ってください。

過去に出題された質問を見てみましょう。

◆Le jury choisit un (des) sujet(s) dans la liste en fonction des intérets de chaque candidat.
1. Aimez-vous faire la cuisine ? Quelle est votre spécialité ?
2. Aimez-vous votre ville ? Pourquoi ?
3. Voudriez-vous vivre à l'étranger ? Pourquoi ?
4. Lisez-vous le journal tous les jours ?
5. Pourriez-vous vivre sans télévision ?
6. Qu'est-ce que vous faites pour votre anniversaire ?
7. Quels sont vos projets pour les vacances d'été ?
8. Présentez-nous votre famille.
9. Quand aimez-vous être seul(e) ?
10. Qu'est-ce qui vous fait le plus peur ?

◆面接委員は受験者それぞれの関心に応じて，次のリストからテーマを選びます。
1．料理をするのは好きですか？あなたの得意料理は何ですか？
2．あなたの町を好きですか？それはなぜですか？
3．外国で暮らしたいと思いますか？それはなぜですか？
4．毎日新聞を読みますか？

5．テレビがなかったら暮らしていけますか？
6．あなたの誕生日にはなにをしますか？
7．夏休みの計画は何ですか？
8．あなたの家族を紹介してください。
9．あなたはどういうときひとりになりたいですか？
10．あなたはなにが一番恐いですか？

◆Le jury choisit un (des) sujet(s) dans la liste en fonction des intérets de chaque candidat.
1. Allez-vous souvent au restaurant ? Pourquoi ?
2. Vous déplacez-vous souvent en vélo ?
3. Que faites-vous dans le train ou dans le métro ?
4. Qu'est-ce que vous aimez faire le week-end ?
5. Présentez-nous un(e) de vos ami(e)s.
6. Racontez-nous un voyage récent ?
7. Comment avez-vous passé Noël ?
8. Préférez-vous travailler le matin ou le soir ? Pourquoi ?
9. Préférez-vous voir les films chez vous ou au cinéma ?
10. Qu'est-ce qui est le plus important dans votre vie ?

◆面接委員は受験者それぞれの関心に応じて，次のリストからテーマを選びます。
1．よくレストランへ食事に行きますか？それはなぜですか？
2．よく自転車で移動しますか？
3．電車または地下鉄でなにをしていますか？
4．週末はなにをするのが好きですか？
5．あなたの友人のひとりを私たちに紹介してください。
6．最近の旅行について話してください。
7．クリスマスをどのように過ごしましたか？
8．勉強するのは朝と夜のどちらがいいですか？それはなぜですか？
9．映画は家で見るのと映画館へ行くのとどちらがいいですか？
10．あなたの人生でもっとも大切なものは何ですか？

◆Le jury choisit un (des) sujet(s) dans la liste en fonction des intérets de chaque candidat.

1. Voulez-vous vivre à l'étranger ? Où et pourquoi ?
2. Aimez-vous votre ville ? Pourquoi ?
3. Quel jour de la semaine préférez-vous ? Pourquoi ?
4. Qu'est-ce que vous voulez faire dans l'avenir ?
5. Présentez-nous un de vos professeurs.
6. Préférez-vous voyager tout(e) seul(e) ou avec quelqu'un ?
7. Faites-vous quelque chose pour votre santé ?
8. Quel est votre passe-temps préféré ?
9. Aimez-vous faire du sport ?
10. Qu'est-ce que vous aimez faire le soir ?

◆面接委員は受験者それぞれの関心に応じて，次のリストからテーマを選びます。

1. 外国で暮らしたいと思いますか？それはどこでですか？なぜですか？
2. あなたの町は好きですか？それはなぜですか？
3. 1週間のなかで何曜日が好きですか？それはなぜですか？
4. 将来なにをしたいですか？
5. あなたの先生のひとりを私たちに紹介してください。
6. 旅行はひとりで行くのとだれかといっしょに行くのとどちらがいいですか？
7. 健康のためになにかしていますか？
8. 好きな気晴らしは何ですか？
9. スポーツをするのは好きですか？
10. 夜はなにをするのが好きですか？

◆Le jury choisit un (des) sujet(s) dans la liste en fonction des intérets de chaque candidat.
1. Le matin, quand vous vous levez, qu'est-ce que vous faites en premier ?
2. Que faites-vous quand vous êtes dans le train ?
3. D'habitude, où mangez-vous à midi ?
4. Vous couchez-vous tôt ou tard ? Pourquoi ?
5. Faites-vous souvent des achats sur Internet ? Pourquoi ?
6. Êtes-vous content(e) de votre travail (université, école, etc.) ?
7. Présentez-nous une émission télévisé (un film) que vous aimez ?
8. Présentez-nous un membre de votre famille ?
9. Préférez-vous voyager en train ou en voiture ?
10. Pourriez-vous vivre sans téléphone portable ?

◆面接委員は受験者それぞれの関心に応じて，次のリストからテーマを選びます。
1．毎朝いつ起きますか？最初になにをしますか？
2．電車に乗っているときなにをしますか？
3．ふだんお昼はどこで食べますか？
4．あなたは早く寝ますか，それとも遅く寝ますか？それはなぜですか？
5．よくインターネットで買いものをしますか？それはなぜですか？
6．勉学（大学，学校など）には満足していますか？
7．あなたが好きなテレビ番組（映画）を私たちに紹介してください。
8．あなたの家族のひとりを私たちに紹介してください。
9．旅行は電車と車ではどちらがいいですか？
10．あなたは携帯電話がなかったら生活できるでしょうか？

これらの質問のなかから異なったテーマのものをいくつか選びだして，話したいことをフランス語で書いてみましょう．すぐにフランス語の表現を思いつかなければ，辞書を用いて仏訳してください．5分間，フランス語で話すのは簡単なことではありません．ただし，この間ずっとひとりで話し続けるわけではなく，途中で相手からの質問が入ることで，話は何らかの展開をみせるはずです．

　面接試験は，職務質問とはちがうのですからなにもかも正直に答える必要はありません．「あなたは海外旅行をしたことがありますか？」ときかれて，「いいえ」とだけ答えたのでは，もうそれ以上話は展開しません．たとえそのつもりがなくても，「まだ海外へ行ったことはありませんが，いずれはフランスへ留学したいと思っています．いま私はフランスの現代文学に興味があるので…」などと自分の話を展開しやすいように，あるいは自分に有利に働くような質問をひきだせるようにもっていくことです．したがって，そういう展開を予想してフランス語の文を準備しておく必要があります．

　過去に出題されたいくつかの質問について応答例を考えてみましょう．これらの応答例は，類題の質問にも応用することができるでしょう．

Qu'est-ce que vous pensez faire cet été ?

— En juillet, je reste à Tokyo. Je vais travailler dans un restaurant près de chez moi, tous les jours de 11 heures à 3 heures et de 7 heures à 2 heures du matin. Entre 3 heures et 7 heures, je vais aller à la piscine, mais je vais être très occupé(e). En août, je ne vais pas travailler, je vais peut-être partir en France avec mes ami(e)s. Nous voyageons seul(e)s : nous n'aimons pas beaucoup les voyages organisés. L'année dernière, nous avons visité la Côte d'Azur. Cette année, nous avons envie de visiter la Bretagne. Nous allons rentrer au Japon le 20 août. Ensuite, je vais aller à l'auto-école et je veux avoir mon permis avant le 15 septembre.

　類題：Quels sont vos projets pour cet été ?／Quels sont vos projets pour les vacances d'été ?／Cette année, quels sont vos projets pour les vacances d'été ?

今年の夏はなにをしようと考えていますか？

— 7月は東京にいます．自宅近くのレストランで働くつもりです．毎日，11時から3時までと7時から朝の2時までです．3時から7時までのあいだにプールへ行くつもりですが，とても忙しくなりそうです．8月は働きません．たぶん友人たちといっしょにフランスへ行くでしょう．私たちは自分たちだけで旅行します．ツアー旅行はあまり好きではないからです．昨年私たちはコートダジュールを訪れました．今年はブルターニュ地方へ行きたいです．私たちは8月20日に帰国します．そのあと私は自動車教習所へ通い，9月15日までに運転免許を取得したいです．

　類題：今年の夏の計画は何ですか？／夏休みの計画は何ですか？／今年，夏休みの計画は何ですか？

Présentez-nous votre famille.

— Mon père travaille dans une banque de Tokyo, donc il est salarié comme la plupart des Japonais moyens. Ma mère, qui était professeur d'anglais dans un lycée avant de se marier, donne des cours deux fois par semaine à quelques enfants du voisinage. J'ai un frère et une sœur. Mon frère, de quatre ans plus âgé que moi, est employé dans une société d'assurance. Il s'appelle Takashi. Il est encore célibataire et aime beaucoup voyager. Pendant les vacances, il fait des voyages. L'année dernière, il est allé en Inde. Ma sœur, de trois ans plus jeune que moi, va dans un lycée de filles. Elle s'appelle Tomoko. Elle est fan de Madonna et fait collection de ses CD. En outre, la famille comporte un chat qui s'appelle Kenta. C'est le plus paresseux de la famille. Il dort toujours.

類題：Présentez-nous quelqu'un de votre famille.

あなたの家族を私たちに紹介してください。

— 私の父は東京の銀行で働いています。したがって彼は大部分の平均的日本人同様サラリーマンです。結婚するまで高校で英語の教師をしていた母は，近所の子ども数人に週に2回英語を教えています。私には兄がひとりと妹がひとりいます。私より4歳年上の兄は保険会社で働いています。名前は隆史といいます。彼はまだ独身で旅行が大好きです。休暇中は旅行しています。昨年はインドへ行きました。妹は私より3歳年下で，女子校に通っています。朋子という名前です。彼女はマドンナのファンで，彼女のCDを集めています。さらに，家族の一員に健太という名前の猫がいます。彼は家族のなかで一番怠惰です。いつも寝ています。

類題：あなたの家族のだれかを私たちに紹介してください。

Qu'est-ce que vous avez fait ce week-end dernier ?

— En général, je me repose chez moi parce que je suis très fatigué(e) le week-end. Le week-end dernier, je ne voulais rien faire comme d'habitude. Mais j'ai eu un coup de téléphone d'un(e) ami(e) vendredi soir et j'ai décidé de sortir avec lui [elle]. Grâce à lui [elle], j'ai passé un week-end super. Samedi, on est parti(e)s tou(te)s les deux à Kamakura. On a pris le train. C'est plus rapide que la voiture pour aller à Kamakura : seulement deux heures. On est descendu(e)s à Kita-Kamakura. On s'est promené(e)s dans la ville, on est allé(e)s dans des temples ; Engakuji, Kenchoji et Meigetsuin. On a passé la nuit dans un hôtel devant la gare de Kamakura. Dimanche, on a loué une voiture. On est allé(e)s au bord de la mer. On s'est promené(e)s en voiture le long de la mer : Shichirigahama, Inamuragasaki et Yuigahama. On a déjeuné dans un restaurant devant la mer. Il faisait très beau.

類題：Qu'est-ce que vous faites le dimanche ?／Que pensez-vous faire ce week-end ?／Qu'est-ce que vous aimez faire le week-end ?／

Comment passez-vous votre week-end en général ? ／ D'habitude, qu'est-ce que vous faites le dimanche ?

先週末はなにをしましたか？

— ふつう私は家で休んでいます。週末はとても疲れるからです。先週末もいつも通り，なにもする気になれませんでした。しかし金曜日の夜に友人から電話がありました。私は彼（女）と出かけることにしました。彼（女）のおかげで私はすばらしい週末を過ごしました。土曜日，私たちはふたりで鎌倉へ行きました。電車を使いました。鎌倉へ行くには車より速いからです。たった2時間です。私たちは北鎌倉で降りました。町を散策し，寺院（円覚寺，建長寺，明月院）へ行きました。その夜は鎌倉駅まえのホテルで過ごしました。日曜日はレンタカーを借りました。私たちは海岸へ行きました。海沿い（七里ヶ浜，稲村ヶ崎，由比ヶ浜）にドライブしました。私たちは海をのぞむレストランで昼食をとりました。とてもいい天気でした。

類題：毎週日曜日はなにをしますか？／今週末はなにをしようと考えていますか？／週末はなにをするのが好きですか？／ふつう週末はどのように過ごしますか？／ふだん日曜日はなにをしますか？

Est-ce que vous aimez le sport ?

— Le sport, j'aime bien ça, mais je n'en fais pas beaucoup ; un peu de tennis le week-end. Je partage ces activités avec mes copains. Eux, ils sont très sportifs. Avant, j'allais faire du ski avec eux chaque hiver. Je ne skiais pas très bien. Un jour, j'ai raté un virage et je suis tombé ; je me suis cassé la jambe. Je suis resté quinze jours à l'hôpital. Depuis cet accident, j'ai abandonné le ski. Le samedi soir, quelquefois, je cours, je fais une demi-heure de jogging. J'aime courir ; ça me détend. Plus tard, je veux faire de la natation. C'est bon pour la santé. Ah oui, je regarde aussi les matchs de baseball à la télé. Je suis un grand supporter de l'équipe Tigers.

類題：Quels sports préférez-vous ?／Pratiquez-vous un sport ? Lequel ?／Aimez-vous faire du sport ?／Quel(s) genre(s) de sport(s) aimez-vous regarder (ou pratiquer) ?

スポーツは好きですか？

— スポーツは大好きです。しかしあまりやりません。週末にテニスを少しです。テニスは友人たちとやります。彼らはとてもスポーツ好きです。以前私は毎年冬になると彼らといっしょにスキーをしに行ったものです。私はスキーがあまりうまくありませんでした。ある日ターンで失敗し転倒して，脚を骨折しました。私は2週間入院しました。その事故以来スキーはやめました。土曜日の夕方，私はときどき走ります。30分のジョギングをします。走るのは好きです。体がほぐれます。将来私は水泳をしたいです。健康にいいからです。そうそう，私はテレビで野球の試合も観戦します。私はタイガースの大ファンです。

類題：どんなスポーツが好きですか？／スポーツをしていますか？なにをやっていますか？／スポーツをするのは好きですか？／どんなタイプのスポーツを観戦すること（あるいは行なうこと）が好きですか？

Depuis combien de temps étudiez-vous le français ?

— J'étudie le français depuis trois ans, c'est-à-dire depuis l'entrée à l'université. Je me suis spécialisé(e) dans la littérature française. J'ai fini la grammaire française élémentaire il y a deux ans. Maintenant, j'ai dix cours de français par semaine. J'ai déjà commencé à lire des nouvelles françaises faciles. Il existe au Japon beaucoup de traductions de romans français, mais je préfère lire les ouvrages directement dans le texte. Je lis maintenant une nouvelle de Maupassant, "Boule de suif". Mais il m'est encore très difficile de m'exprimer en français. Je suis allé(e) à un stage à Strasbourg l'été dernier. Je suis des cours de français à l'Institut français pour ne pas tout oublier. De toute façon, mon premier séjour en France m'a été très utile. J'ai pu faire la connaissance de beaucoup d'étudiants français et étrangers et j'ai pu parler français avec eux.

類題：Comment étudiez-vous le français ?／Pourquoi étudiez-vous le français ?

フランス語を勉強してどれくらいになりますか？

— 3年まえからフランス語勉強しています。つまり大学に入学して以来ということになります。私はフランス文学を専攻しました。基礎文法は2年まえに終了しました。今は週に10時間フランス語の授業を受けています。すでに易しいフランスの中篇［短篇］小説を読み始めました。日本にはフランスの小説の翻訳がたくさんあります。しかし私は作品を直接原文で読むほうが好きです。今モーパッサンの小説『脂肪の塊』を読んでいます。ただ，フランス語で自分の考えを表現することはまだ私にはとてもむずかしいです。私は昨年の夏ストラスブールへ研修に行きました。私はなにもかも忘れてしまわないようにアンスティチュ・フランセでフランス語の授業をうけています。いずれにせよ，初めてのフランス滞在は私にとってとても有益でした。多くのフランスや外国の学生たちと知り合いになれたし，彼らとフランス語を話すこともできました。

類題：どのようにしてフランス語を勉強していますか？／なぜフランス語を勉強しているのですか？

Lisez-vous un journal tous les jours ? Pourquoi ?

— Je suis un(e) grand(e) lecteur[lectrice] de journaux. Mes parents étaient abonnés au journal Asahi. De plus, ils lisaient trois magazines. À la maison, le tas de journaux a toujours été très impressionnant. Personnellement, je lis un magazine culturel, Aéra, je suis abonné(e) au journal Mainichi et j'achète de temps en temps d'autres journaux, surtout pour lire dans le train. Il

m'arrive de lire ces journaux en entier, en plusieurs fois : c'est selon ma disposition d'esprit. Il m'arrive aussi de parcourir, à droite et à gauche, quand les sujets ne m'intéressent pas trop. Remarquez, je ne suis pas très difficile. J'aime aussi les rubriques sportives, l'horoscope et les critiques de cinéma. Il m'est en effet plus facile de lire la presse magazine que la presse quotidienne.
類題：Vous lisez régulièrement des magazines ?

毎日新聞を読みますか？それはなぜですか？
— 私は大の新聞読みです。両親は朝日新聞を予約購読していました。そのうえ彼らは雑誌を3誌読んでいました。家にはいつも新聞が山積みされていたのがとても印象的でした。個人的には，文化雑誌「アエラ」を読んでいます。毎日新聞を予約購読しています。ときどき，とくに電車内で読むために，他の新聞も買います。私はこうした新聞をすみずみまで全部，それも何回も繰りかえして読んでしまうことがあります。それは私の気分次第です。テーマがさほど興味をひかないときは，あちこちざっと目を通してすませることもあります。言っておきますが，私は気むずかし屋ではありません。私はスポーツ欄も星占いや映画批評も好きです。なにしろ，日刊紙より（写真などが多い）雑誌を読むほうが簡単ですから。
類題：雑誌を定期購読していますか？

Faites-vous souvent des achats sur Internet ? Pourquoi ?
— J'achète tout, tout, tout, sur Internet, même mes vêtements et l'électroménager. Ainsi je n'ai plus besoin de marcher toute la journée et de faire la file dans les magasins. Je suis occupé(e) et je finis tous les soirs à 21 heures, quand les magasins sont fermés. Le week-end, on fait autre chose que du shopping. Je commande sur Internet depuis trois ou quatre ans. Je peux faire mon shopping depuis mon travail à la pause de midi, ou encore de chez moi. Il y a des objets qu'on ne trouve pas ailleurs. Je commande souvent des CD et des livres, notamment en français. J'y ai aussi acheté un objet venu du Portugal.
類題：Que faites-vous avec Internet ?

よくインターネットで買いものをしますか？それはなぜですか？
— 私はなにもかも，衣類から家庭電化製品にいたるまでインターネットで買います。そうすれば，一日中歩き回る必要もなければ，店で行列をつくる必要もありません。私は忙しいのです。毎晩，商店が閉店する21時に仕事を終えます。週末は買いもの以外のことをします。私はインターネットで注文するようになって3，4年になります。昼休みに職場からでも，また自宅からでも買いものができます。よそでは見つからないものもあります。私はとりわけフランス語のCDや本をよく注文します。そこでポルトガル製の品物を買ったこともあります。
類題：インターネットでなにをしますか？

参考資料

第1回
実用フランス語技能検定模擬試験
筆記試験問題冊子 〈2級〉

問題冊子は試験開始の合図があるまで開いてはいけません。

筆 記 試 験　10 時 00 分 〜 11 時 30 分
（休憩 20 分）
書き取り 試験　11 時 50 分から約 35 分間
聞き取り

◇筆記試験と書き取り・聞き取り試験の双方を受験しないと欠席になります。
◇問題冊子は表紙を含め 12 ページ、全部で 7 問題です。

注 意 事 項

1　途中退出はいっさい認めません。
2　筆記用具は **HB または B の黒鉛筆**（シャープペンシルも可）を用いてください。
3　解答用紙の所定欄に、**受験番号とカナ氏名**が印刷されていますから、まちがいがないか、**確認**してください。
4　**マーク式の解答は、解答用紙の解答欄にマークしてください**。例えば、1 の (1) に対して
　③と解答する場合は、次の例のように解答欄の③にマークしてください。

例	解答番号	解 答 欄
	1	
	(1)	① ② ● ④ ⑤ ⑥ ⑦ ⑧

5　記述式の解答の場合、正しく判読できない文字で書かれたものは採点の対象となりません。
6　解答に関係のないことを書いた答案は無効にすることがあります。
7　解答用紙を折り曲げたり、破ったり、汚したりしないように注意してください。
8　問題内容に関する質問はいっさい受けつけません。
9　不正行為者はただちに退場、それ以降および来季以後の受験資格を失うことになります。
10　**携帯電話等の電子機器の電源はかならず切って、かばん等にしまってください。**
11　**時計のアラームは使用しないでください。**

＊解答用紙は p. 58 にあります。

1

次の(1)〜(4)の(　)内に入れるのに最も適切なものを、下の①〜⑧のなかから1つずつ選び、解答欄のその番号にマークしてください。ただし、同じものを複数回用いることはできません。なお、①〜⑧では、文頭にくるものも小文字にしてあります。(配点　4)

(1) Jean sera (　　) retour d'Amérique du Sud la semaine prochaine.

(2) Je n'entends rien, je suis (　　) la douche !

(3) On vous attend (　　) faute à huit heures.

(4) (　　) part l'anglais, je ne connais pas de langue étrangère.

① à　　② après　　③ de　　④ depuis
⑤ en　　⑥ par　　⑦ sans　　⑧ sous

2

次のフランス語の文(1)〜(5)が、それぞれあたえられた日本語の文が表わす意味になるように、(　)内に入れるのにもっとも適切な語（各1語）を解答欄に書いてください。(配点　10)

(1) Ce paysage me (　　) mon pays natal.
この風景は私の生まれ故郷を思い出させる。

(2) Mon travail ne me (　　) pas de sortir.
私は仕事から手が離せなくて外出できない。

(3) Personne ne te donne (　　).
だれもきみを責めてはいない。

(4) Quand on sera à Paris, on vous fera (　　).
パリに着いたら、あなたにお知らせします。

(5) Tu n'as rien à te reprocher, étant (　　) que tu n'étais pas là.
君はそこにいなかったんだから、何ら自分を責める必要はない。

3 次の(1)〜(5)について、**A**、**B** がほぼ同じ意味になるように、(　　) 内に入れるのにもっとも適切なものを、下の語群から1つずつ選び、必要な形にして解答欄に書いてください。ただし、同じものを複数回用いることはできません。（配点　10）

(1) **A** Il croit que ces histoires ne regardent pas ses enfants.

　　B Il doute que ses enfants (　　　) par ces histoires.

(2) **A** Il était difficile pour moi d'accepter ta proposition.

　　B Ta proposition ne me (　　　) pas tout à fait.

(3) **A** Je n'ai pas le courage de faire remarquer les défauts de son récent livre.

　　B Si j'osais, je (　　　) son récent livre.

(4) **A** Je te laisserai regarder la télévision quand tu auras fait le ménage.

　　B Tu regarderas la télévision après (　　　) le ménage.

(5) **A** Mon père m'a acheté cette montre.

　　B Je (　　　) acheter cette montre par mon père.

arrêter	concerner	convenir	critiquer
oser	se faire	se permettre	terminer

次の文章を読み、（ 1 ）〜（ 5 ）に入れるのに最も適切なものを、それぞれ右のページの ① 〜 ③ のなかから1つずつ選び、解答欄のその番号にマークしてください。（配点　10）

　Une première grossesse très jeune, c'est un peu une histoire de famille chez Amandine. « Ma grand-mère a eu ma mère à l'âge de 17 ans et ma mère m'a eue à 22 ans, a-t-elle expliqué dans une interview. À 30 ans, on (1), on se pose beaucoup de questions. Alors qu'à 20 ans, l'âge où j'ai eu ma fille Lucienne, ce n'est pas qu'on est inconsciente*, mais on vit au jour le jour**. » Ses neuf mois se sont déroulés sans problème : « Je pense avoir vécu une grossesse quasi parfaite puisque j'ai eu la chance (2). Mais comme je n'arrivais pas à dormir, je mangeais la nuit. Quand on est enceinte, il est normal de grossir. »

　Les premières années de Lucienne ont été une source de bonheur pour Amandine et son mari. Jusqu'à sa rupture avec le papa. « C'était très compliqué de lui expliquer que malgré cette séparation, son père et moi l'aimerions toujours autant. C'est (3) que j'ai eu à vivre en tant que maman », a-t-elle avoué. Aujourd'hui, Amandine et sa fille sont retournées s'installer en Corse, à Ajaccio, tandis que le papa est resté à Paris.

　Lorsque la chanteuse part en voyage pour ses tournées, elle laisse sa fille à ses parents et à sa grand-mère. « Ils s'occupent d'elle avec attention, se réjouit-elle. Il est important qu'elle (4), qu'elle aille à l'école comme toutes les petites filles de son âge et qu'elle dorme suffisamment. » Et la maman n'est (5) jamais bien loin. « Quand elle est avec son père à Paris, elle m'appelle cinquante fois par jour, juste pour me dire qu'elle m'aime. »

* inconsciente : 無分別な

** vivre au jour le jour : その日暮らしをする

(1) ① réfléchit plus
    ② se conduit mal
    ③ va trop loin

(2) ① d'avoir un grand succès
    ② de ne pas être malade
    ③ d'être dans le besoin

(3) ① l'aventure merveilleuse
    ② la vie la plus aisée
    ③ le moment le plus dur

(4) ① conserve un rythme normal
    ② soit pleine de confiance
    ③ supporte son épreuve

(5) ① de toute façon
    ② en ce cas
    ③ en moyenne

5 次の文章は、絵本作家 Clara に対するインタビューの一部です。インタビュアーの質問として (1)〜(5) に入れるのに最も適切なものを、右のページの ① 〜 ⑦ のなかから1つずつ選び、解答欄のその番号にマークしてください。（配点 10）

Le journaliste : (1)

      Clara : Je me considère plutôt comme une illustratrice. Le dessin est aussi une forme d'écriture, même s'il n'a pas de loi grammaticale. En fait j'écris et je dessine simultanément.

Le journaliste : (2)

      Clara : Je pourrais citer une trentaine de noms. Récemment j'ai découvert deux auteurs.

Le journaliste : (3)

      Clara : Oui. Peut-être parce que nos deux mères sont suédoises. Je garde les images de la Suède.

Le journaliste : (4)

      Clara : C'est vrai, c'est peut-être une façon pour moi de dire à voix basse : «Adultes, regardez, vous êtes tout à fait enfantins.»

Le journaliste : (5)

      Clara : Je supporte mal les lignes droites, elles ne me rassurent pas du tout. Je suis à l'aise avec le non-explicite, la magie, l'invisible.

① Comment passez-vous de l'écriture à l'illustration ?

② D'où vous vient le goût pour votre approche fantastique ?

③ Les enfants de vos livres sont pleins de sagesse alors que les adultes ont gardé les maladresses de l'enfance, non ?

④ Pourquoi les animaux ont-ils une présence très forte dans vos livres ?

⑤ Quels sont vos prochains projets ?

⑥ Vous avez du goût pour la blancheur de la neige, le silence de la forêt... ?

⑦ Vous êtes une grande lectrice, qui aimez-vous lire ?

6 次の文章を読み、右のページの(1)～(7)について、文章の内容に一致する場合は解答欄の ① に、一致しない場合は ② にマークしてください。

（配点　14）

　Le caveau* de la famille du marchand florentin Francesco del Giocondo dont la femme Lisa Gherardini pourrait avoir servi de modèle à Léonard de Vinci pour son célèbre tableau La Joconde, a été ouvert par une équipe de scientifiques. Cette équipe est à la recherche de restes** susceptibles de contribuer à la confirmation de l'identité de la femme au célèbre sourire énigmatique.

　Un orifice*** assez grand pour qu'une personne puisse s'y faufiler a été découpé dans le sol de la basilique**** de la Santissima Annunziata au-dessus du caveau familial des Giocondo.

　L'équipe de scientifiques prévoit de faire des prélèvements ADN sur les os retrouvés dans le caveau et de les comparer avec ceux de trois femmes enterrées dans le couvent***** Saint Orsola non loin de là. Les restes de l'une des trois, un crâne notamment, pourraient être ceux de Lisa Gherardini. Lisa Gherardini a en effet passé les dernières années de sa vie à Saint Orsola, selon les historiens.

　L'équipe de scientifiques espère que certains des os dans le caveau familial de la basilique Santissima Annunziata seront ceux d'un parent de Lisa Gherardini, sans doute de son fils, Piero. Une fois la correspondance entre les ADN établie, l'équipe de scientifiques lancera une reconstitution du visage de Lisa Gherardini à partir du crâne retrouvé au couvent Saint Orsola. Cette reconstitution sera ensuite comparée à La Joconde au Louvre à Paris.

　Si l'on réussit, on pourra finalement répondre à trois questions qui obsèdent les amoureux de l'art : Gherardini a-t-elle été le modèle de La Joconde ? Ou bien s'agissait-il d'un autre modèle comme le disent certains ? Ou bien est-ce juste une représentation sortie de l'imagination du peintre ?

*caveau：地下納骨所　　**restes：遺骨　　***orifice：開口部
****basilique：教会堂　　*****couvent：修道院

(1) La femme de Francesco del Giocondo pourrait avoir servi de modèle à Léonard de Vinci pour toutes ses œuvres.

(2) L'équipe de scientifiques a ouvert le caveau de la famille de Francesco del Giocondo pour rechercher des restes qui contriburaient à identifier Lisa Gherardini.

(3) Il a fallu creuser une fosse dans le sol de la basilique de la Santissima Annunziata pour sortir du caveau familial des Giocondo.

(4) Les restes de l'une des trois femmes enterrées dans le couvent Saint Orsola pourraient être ceux de Lisa Gherardini.

(5) L'équipe de scientifiques espère que certains des os dans le caveau familial de la basilique Santissima Annunziata seront ceux du fils de Lisa Gherardini.

(6) L'équipe de scientifiques se mettra à reconstituer le visage de Lisa Gherardini à partir du modèle de La Joconde au Louvre.

(7) Parmi les amoureux de l'art, certains disent que le modèle de La Jaconde n'a jamais existé.

7

次の対話を読み、（ 1 ）〜（ 5 ）に入れるのに最も適切なものを、それぞれ右のページの ① 〜 ④ のなかから1つずつ選び、解答欄のその番号にマークしてください。（配点 10）

Émilie : Alors, à ce qu'il paraît, tu veux quitter Paris ?

Pauline : Oui, écoute, on commence vraiment à (1).

Émilie : Ah ! Bon ! Pourquoi ? Parce que vous êtes trop à l'étroit.

Pauline : C'est ça, c'est exactement ça, on est quatre dans un trois-pièces.

Émilie : Ah ! Mais, tu as déjà deux enfants !

Pauline : Ben oui ! Tu ne savais pas ?

Émilie : Non ! Écoute, excuse-moi, ça fait longtemps qu'on ne s'est pas vues.

Pauline : Ben oui ! Puis, (2) que les enfants grandissent, on cherche en fait un logement plus grand.

Émilie : Et alors, qu'est-ce que vous allez faire ? Vous allez du côté de la banlieue ?

Pauline : Non, non la banlieue, c'est hors de question, j'ai une heure de trajet pour aller à mon bureau tous les jours. Moi, j'aurais bien aimé rester à Paris. Mais ce n'est pas possible, (3).

Émilie : Et qu'est-ce que tu préfères ?

Pauline : Ben… en fait, du coup, on s'est dit : une maison à la campagne !

Émilie : Et alors, vous partez dans quel coin ?

Pauline : Sud-ouest, (4) chercher dans le sud-ouest.

Émilie : Ah ! Dans le sud-ouest. Alors pourquoi le sud-ouest ?

Pauline : Olivier est originaire de la région… donc (5) de retourner là-bas. Et puis, à la campagne, la vie est moins chère.

(1) ① chercher un appartement
　　② en avoir marre
　　③ être habitués à cette ville
　　④ trouver les Parisiens peu aimables

(2) ① afin
　　② à moins
　　③ bien
　　④ maintenant

(3) ① c'est hors de prix
　　② c'est préférable
　　③ je préfère habiter à Paris
　　④ on va s'installer à Paris

(4) ① on a arrêté de
　　② on a décidé de
　　③ on a hésité à
　　④ on a renoncé à

(5) ① ça ne sert à rien
　　② ça nous fait plaisir
　　③ ce n'est pas nécessaire
　　④ il est difficile

第1回
実用フランス語技能検定模擬試験
聞き取り試験問題冊子 〈2級〉

書き取り・聞き取り試験時間は、
11時50分から約35分間

先に書き取り試験をおこないます。解答用紙表面の書き取り試験注意事項をよく読んでください。書き取り試験解答欄は裏面*にあります。
　この冊子は指示があるまで開かないでください。

書き取り試験
（CD-ROMは、073 → 074 → 075 → 076 の順で聞いてください）

◇**筆記試験と書き取り・聞き取り試験の双方を受験しないと欠席になります。**
◇問題冊子は表紙を含め4ページ、全部で2問です。

書き取り・聞き取り試験注意事項

1　途中退出はいっさい認めません。
2　書き取り・聞き取り試験は、CD・テープでおこないます。
3　解答用紙の所定欄に、**受験番号とカナ氏名**が印刷されていますから、まちがいがないか、**確認**してください。
4　CD・テープの指示に従い、中を開いて、日本語の説明をよく読んでください。フランス語で書かれた部分にも目を通しておいてください。
5　解答はすべて別紙の書き取り・聞き取り試験解答用紙の解答欄に、**HBまたはBの黒鉛筆**(シャープペンシルも可)で記入またはマークしてください。
6　問題内容に関する質問はいっさい受けつけません。
7　**携帯電話等の電子機器の電源はかならず切って、かばん等にしまってください。**
8　**時計のアラームは使用しないでください。**

*解答用紙はp.59〜60にあります。

1
- まず、精肉店経営者 Samuel へのインタビューを聞いてください。
- つづいて、それについての6つの質問を読みます。
- もう1回、インタビューを聞いてください。
- もう1回、6つの質問を読みます。1問ごとにポーズをおきますから、その間に、答えを解答用紙の解答欄にフランス語で書いてください。
- それぞれの（　）内に1語入ります。
- 答えを書く時間は、1問につき10秒です。
- 最後に、もう1回インタビューを聞いてください。
- 数を記入する場合は、算用数字で書いてください。
  （メモは自由にとってかまいません）（配点　8）
  （CD-ROM は 077 → 078 → 079 → 080 の順で聞いてください）

(1) Il prépare la viande et il (　　) les produits en vitrine après le (　　　).

(2) Parce qu'ils seront (　　) à midi.

(3) Ce ne sont pas seulement des (　　), mais aussi beaucoup de gens de (　　).

(4) On se coupe souvent les mains, on doit (　　) le froid et l'humidité et rester toujours debout.

(5) Il faut être (　　) et motivé.

(6) C'est l'(　　).

メモ欄

2

- まず、ミュージシャン Jérôme の話を 2 回聞いてください。
- 次に、その内容について述べた文(1)〜(10)を 2 回通して読みます。それぞれの文が話の内容に一致する場合は解答欄の①に、一致しない場合は②にマークしてください。
- 最後に、もう 1 回 Jérôme の話を聞いてください。
 （メモは自由にとってかまいません）（配点　10）
 （CD-ROM は 081 → 082 → 083 の順で聞いてください）

メモ欄

第1回実用フランス語技能検定模擬試験（2級） 書き取り・聞き取り試験 解答用紙

書き取り試験注意事項　（書き取り試験解答欄は裏面にあります。）

フランス語の文章を、次の要領で4回読みます。全文を書き取ってください。

- 1回目、2回目は、ふつうの速さで全文を読みます。内容をよく理解するようにしてください。
- 3回目は、ポーズをおきますから、その間に書き取ってください（句読点も読みます）。
- 最後に、もう1回ふつうの速さで全文を読みます。
- 読み終わってから3分後に、聞き取り試験にうつります。
- 数を書く場合は、算用数字で書いてかまいません。（配点 14）

聞き取り試験

解答番号	解　答　欄	採点欄
(1)		0 1
(2)		0 1
(3)		0 1
(4)		0 1
(5)		0 1
(6)		0 1

2

解答番号	解答欄
(1)	1 2
(2)	1 2
(3)	1 2
(4)	1 2
(5)	1 2
(6)	1 2
(7)	1 2
(8)	1 2
(9)	1 2
(10)	1 2

書き取り試験

採点欄： 0 1 2 3 4 5 6 7 8 9 10 11 12 13 14

2級 書き取り試験 解答欄

第1回実用フランス語技能検定模擬試験
2次試験(面接試験)

挨拶から始め，一時停止ボタンを押して，質問に答えましょう。面接委員は男女各1名と想定してください。

La candidate : ....
    Le jury : Bonjour. Asseyez-vous, je vous en prie. D'abord, présentez-vous, s'il vous plaît.
La candidate : ....
    Le jury : Aimez-vous votre ville ? Pourquoi ?
La candidate : ....
    Le jury : Je vous remercie. C'est tout pour aujourd'hui. Au revoir.
La candidate : ....

参考資料

第2回
実用フランス語技能検定模擬試験
筆記試験問題冊子 〈2級〉

問題冊子は試験開始の合図があるまで開いてはいけません。

筆 記 試 験	10時00分 〜 11時30分
	（休憩20分）
書き取り 聞き取り 試験	11時50分から約35分間

◇**筆記試験と書き取り・聞き取り試験の双方を受験しないと欠席になります。**
◇**問題冊子は表紙を含め12ページ、全部で7問題です。**

注 意 事 項

1　途中退出はいっさい認めません。
2　筆記用具は **HB または B の黒鉛筆**（シャープペンシルも可）を用いてください。
3　解答用紙の所定欄に、**受験番号**と**カナ氏名**が印刷されていますから、まちがいがないか、確認してください。
4　**マーク式の解答は、解答用紙の解答欄にマークしてください。** 例えば、1 の (1) に対して③と解答する場合は、次の例のように解答欄の③にマークしてください。

例	1	解答番号	解 答 欄
		(1)	① ② ● ④ ⑤ ⑥ ⑦ ⑧

5　記述式の解答の場合、正しく判読できない文字で書かれたものは採点の対象となりません。
6　解答に関係のないことを書いた答案は無効にすることがあります。
7　解答用紙を折り曲げたり、破ったり、汚したりしないように注意してください。
8　問題内容に関する質問はいっさい受けつけません。
9　不正行為者はただちに退場、それ以降および来季以後の受験資格を失うことになります。
10　**携帯電話等の電子機器の電源はかならず切って、かばん等にしまってください。**
11　**時計のアラームは使用しないでください。**

＊解答用紙は p.78 にあります。

1

次の(1)～(4)の（ ）内に入れるのにもっとも適切なものを、下の①～⑧のなかから1つずつ選び、解答欄のその番号にマークしてください。ただし、同じものを複数回用いることはできません。(配点 4)

(1) C'est (　　) l'accord de ses parents qu'elle est partie en voyage.

(2) Je n'accepterai l'injustice (　　) aucun cas.

(3) Rangez-vous deux (　　) deux.

(4) Tu fais une drôle (　　) tête aujourd'hui, qu'est-ce que tu as ?

① à　　② avec　　③ de　　④ depuis

⑤ dès　　⑥ en　　⑦ entre　　⑧ par

2

次のフランス語の文(1)～(5)が、それぞれあたえられた日本語の文が表わす意味になるように、（ ）内に入れるのにもっとも適切な語（各1語）を解答欄に書いてください。(配点 10)

(1) Ça me fait de la (　　) de te voir si triste.
君がこんなに悲しむのを見るのはつらい。

(2) Il s'est vite mis au (　　) du tavail qu'il avait à faire.
彼はすぐに、やらなければならない仕事がわかった。

(3) L'alpinisme ne me (　　) plus rien.
登山なんてもう関心がない。

(4) Parfois les malades sont très calmes, mais, ici, ce n'est pas le (　　).
ときとして病人はとても静かですが、ここではそうではありません。

(5) Tu peux garder ce CD, je n'y (　　) pas.
そのCDは持っていっていいよ、ぼくはいらないから。

3

次の(1)～(5)について、A、B がほぼ同じ意味になるように、(　) 内に入れるのにもっとも適切なものを、下の語群から1つずつ選び、必要な形にして解答欄に書いてください。ただし、同じものを複数回用いることはできません。(配点 10)

(1) **A** Aucun de mes élèves n'a trouvé la solution du problème de maths.

　　B Dans ma classe, personne n'(　　　) le problème de maths.

(2) **A** C'est fini, nous avons beau courir, nous ne pouvons pas attraper l'autobus.

　　B Il est inutile que nous (　　　) pour l'autobus, il est trop tard.

(3) **A** Contrairement à ce que je prévoyais, il a manqué à sa parole.

　　B Je croyais qu'il (　　　) sa parole.

(4) **A** La tempête l'oblige à rester à la maison.

　　B Elle (　　　) à rester à la maison à cause de la tempête.

(5) **A** Vous ne pourriez pas parler moins haut ? Je n'arrive pas à entendre le professeur.

　　B Si vous (　　　) un peu la voix, j'entendrais mieux le professeur.

| baisser | condamner | rendre | résoudre |
| se dépêcher | se servir | tenir | vouloir |

4 次の文章を読み、(1)〜(5)に入れるのにもっとも適切なものを、それぞれ右のページの①〜③のなかから1つずつ選び、解答欄のその番号にマークしてください。（配点 10）

　Élise, Florent, Charlotte, Guillaume et Kévin sont étudaints à Colmar. (1) leurs études, ils doivent organiser un événement au profit d'une association. Ils ont choisi d'organiser une course contre la faim, action de solidarité* bien connue des écoliers et des collégiens. « Cette course (2) au Stade de l'Europe à Colmar. Un grand nombre de volontaires, de tout âge, sont attendus afin de courir ou de marcher contre la faim. » expliquent les étudiants.

　Chaque kilomètre parcouru par personne rapportera 1 euro à l'association. Cette somme sera versée par des entreprises et commerces qui financent une action (3). Et l'argent récolté sera reversé aux Restos du Cœur, qui distribuent, chaque hiver, de la nourriture et des produits de première nécessité aux plus démunis**, partout en France.

　« Un grand nombre de personnes passeront un moment certainement plus joyeux (4) votre aide », ajoutent les étudiants. La participation est libre et gratuite. Des boissons et des gâteaux (5) les coureurs après la course.

* solidarité : 連帯
** démuni : 貧窮者

(1) ① Au lieu de
    ② Dans le cadre de
    ③ En abandonnant

(2) ① se déroulera
    ② se mettra
    ③ sera représentée

(3) ① à peu de frais
    ② pour découvrir des jeunes talents
    ③ pour faire leur publicité

(4) ① à côté de
    ② à moins de
    ③ grâce à

(5) ① attendront
    ② feront grossir
    ③ nuiront

5　次の文章は、Madame Dubois に対するインタビューの一部です。インタビュアーの質問として（　1　）～（　5　）に入れるのにもっとも適切なものを、右のページの①～⑦のなかから1つずつ選び、解答欄のその番号にマークしてください。（配点　10）

La journaliste :（　1　）

　Mme Dubois : J'ai grandi en cuisinant beaucoup, ma mère était une excellente cuisinière « maison ». J'ai décidé d'aller à l'école culinaire quand j'avais seize ans. Ensuite, la pâtisserie et le chocolat m'ont vraiment intéressé, et c'est ainsi que j'ai débuté.

La journaliste :（　2　）

　Mme Dubois : Deux personnes ont été très importantes dans ma carrière et aussi dans ma vie. Tout d'abord, mon mari m'encourage et me soutient toujours beaucoup. Et j'ai un ami qui a le titre Meilleur Ouvrier de France chocolatier. C'est plus qu'un ami pour moi, c'est comme une famille.

La journaliste :（　3　）

　Mme Dubois : Oui, nous devons faire preuve de créativité, nous devons donner le meilleur de nous-mêmes et décider de créer autre chose, et ne pas rester dans ce que nous faisons.

La journaliste :（　4　）

　Mme Dubois : Je ne sais vraiment pas. Peut-être parce que je les aime tous. Mais un de mes favoris peut-être s'appelle double caramel au sel de mer. Je pense que je vais choisir celui-ci.

La journaliste :（　5　）

　Mme Dubois : 95% de notre activité consiste en vente en gros pour des hôtels et centres de villégiature, mais oui, nous avons aussi des chaînes de magasins pour nos produits. Ils sont disponibles en ligne, bien sûr, parce que nous avons un site Web où les gens peuvent passer leur commande.

① À quoi attribuez-vous votre succès ?

② Est-ce qu'il y a quelqu'un qui a eu une grande influence sur ce que vous faites ?

③ Est-ce un défi d'innover sans cesse ?

④ Où vos chocolats sont-ils disponibles ?

⑤ Quand avez-vous su que vous vouliez devenir chef pâtissier ?

⑥ Quelles sont les avantages et les inconvénients de votre métier ?

⑦ Si seulement je pouvais essayer un de vos produits, lequel devrais-je essayer ?

6 次の文章を読み、右のページの(1)〜(7)について、文章の内容に一致する場合は解答欄の ① に、一致しない場合は ② にマークしてください。

（配点　14）

　Le football est l'un des sports les plus pratiqués de la planète. Il rapporte énormément d'argent. Mais il ne fait pas que du bien à l'environnement.

　Pour jouer au football, il faut 22 joueurs et un ballon. Mais il faut aussi une belle pelouse bien entretenue, avec des engrais*, des pesticides**, beaucoup d'eau. Et si c'est une grande équipe, il faut un stade, des éclairages, de quoi accueillir les spectateurs. Le football est encore loin d'être un champion de l'écologie, mais des pratiques plus «vertes» apparaissent.

　Des clubs de football du Royaume-Uni se sont posé la question de leur impact sur l'environnement. C'est-à-dire de la quantité de pollution que représente un match de foot. Et quand ils ont vu les résultats, ils ont décidé d'agir.

　Une fondation*, appelée «Sustainability in Sport», a été créе pour permettre à ces clubs de Premier League d'être plus écologiques. C'est au mois dernier que s'est tenu le premier match plus écologique. Pour l'occasion, l'électricité était fournie par des éoliennes, qui fabriquent de l'électricité grâce au vent. Des projets plus ambitieux sont à l'étude, comme l'utilisation de l'eau de pluie pour arroser les terrains, ou la pose d'un toit avec de l'herbe.

* engrais：肥料
** pesticide：殺虫剤
*** fondation：財団

(1) Le football est un sport qui fait peu de bénéfices.

(2) On ne peut pas entretenir la belle pelouse d'un stade de football sans engrais ni pesticides.

(3) Des clubs de football des États-Unis ont établi une fondation, appelée « Sustainability in Sport ».

(4) La fondation de «Sustainability in Sport» a pour but de protéger l'environnement.

(5) L'impact du football sur l'environnement n'est pas négligeable au point de vue écologique.

(6) L'éléctricité était fournie par la production solaire lors du match du mois dernier.

(7) Le match de football de Premier League aura lieu après que la pluie aura arrosé les terrains.

7 次の対話を読み、(1)〜(5)に入れるのにもっとも適切なものを、それぞれ右のページの ① 〜 ④ のなかから1つずつ選び、解答欄のその番号にマークしてください。（配点 10）

Pierre : Bon alors Manon, tu lis *Le Monde* d'il y deux jours ?
Manon : Oui, c'est vrai que ce n'est pas celui d'aujourd'hui mais, tu sais, je ne l'achète pas tous les jours parce que (1) et puis *Le Monde*, c'est dense donc il y a beaucoup à lire.
Pierre : *Le Monde* a augmenté son prix cette année. C'est le prix d'un café ?
Manon : Ben oui, mais (2) en lisant mon journal, ça multiplie le prix.
Pierre : Alors tu ne lis qu'un journal par semaine ?
Manon : Non, je lis aussi un quotidien régional pour savoir (3) dans la région.
Pierre : Et tu l'achètes ?
Manon : Celui-là, je ne l'achète pas tous les jours non plus. Je vais le lire parfois à la bibliothèque.
Pierre : Parce que les salles de lecture sont gratuites, en fait ?
Manon : Oui, je m'installe là. (4), c'est assez calme et puis je lis mon journal tranquillement.
Pierre : Mais tu lis des magazines aussi ?
Manon : Oui, j'aime bien les magazines de jardinage. J'ai un petit jardin et ça me donne plein de conseils, plein d'idées.
Pierre : D'accord, oui. (5) ces magazines mais je crois qu'il y en a énormément.
Manon : Oui, mais j'ai mon préféré.

(1) ① ça revient cher
　　② ce journal voit ses ventes baisser
　　③ c'est trop difficile
　　④ je me lasse de l'acheter

(2) ① comme je bois mon café
　　② malgré que je regarde la télé
　　③ puisque j'apprends les nouvelles
　　④ si je déjeune au restaurant

(3) ① à quoi servent les journaux
　　② avec quel accent on parle
　　③ ce qui se passe
　　④ ce qu'on veut faire

(4) ① Aujourd'hui
　　② En principe
　　③ Malheureusement
　　④ Pourtant

(5) ① Je n'y connais rien dans
　　② Je suis au courant de
　　③ Tu n'as qu'à me prêter
　　④ Tu ne dois pas lire

第2回
実用フランス語技能検定模擬試験
聞き取り試験問題冊子 〈2級〉

> 書き取り・聞き取り試験時間は、
> 11時50分から約35分間

　先に書き取り試験をおこないます。解答用紙表面の書き取り試験注意事項をよく読んでください。書き取り試験解答欄は裏面*にあります。
　この冊子は指示があるまで開かないでください。

書き取り試験
（CD-ROMは、087 → 088 → 089 → 090 の順で聞いてください）

◇**筆記試験と書き取り・聞き取り試験の双方を受験しないと欠席になります。**
◇問題冊子は表紙を含め4ページ、全部で2問題です。

書き取り・聞き取り試験注意事項

1　途中退出はいっさい認めません。
2　書き取り・聞き取り試験は、CD・テープでおこないます。
3　解答用紙の所定欄に、**受験番号とカナ氏名**が印刷されていますから、まちがいがないか、**確認**してください。
4　CD・テープの指示に従い、中を開いて、日本語の説明をよく読んでください。フランス語で書かれた部分にも目を通しておいてください。
5　解答はすべて別紙の書き取り・聞き取り試験解答用紙の解答欄に、**HBまたはBの黒鉛筆**(シャープペンシルも可)で記入またはマークしてください。
6　問題内容に関する質問はいっさい受けつけません。
7　**携帯電話等の電子機器の電源はかならず切って、かばん等にしまってください。**
8　**時計のアラームは使用しないでください。**

*解答用紙はp.79〜80にあります。

1

- まず、映画監督 Matthieu へのインタビューを聞いてください。
- つづいて、それについての6つの質問を読みます。
- もう1回、インタビューを聞いてください。
- もう1回、6つの質問を読みます。1問ごとにポーズをおきますから、その間に、答えを解答用紙の解答欄にフランス語で書いてください。
- それぞれの（　）内に1語入ります。
- 答えを書く時間は、1問につき10秒です。
- 最後に、もう1回インタビューを聞いてください。
- 数を記入する場合は、算用数字で書いてください。
  （メモは自由にとってかまいません）（配点　8）
  （CD-ROMは、091 → 092 → 093 → 094 の順で聞いてください）

(1) Il était terriblement (　　) et se réfugiait dans un monde rien qu'à lui.

(2) Pour exprimer tout ce qu'il (　　) et pour gagner un peu de (　　) auprès de ses camarades de classe.

(3) C'est le (　　) où il a eu sa première caméra.

(4) Non, car il a encore (　　) à montrer que les gens apparemment (　　) lui font peur.

(5) C'est un courant qui permet de donner la (　　) aux gens hors du commun.

(6) Parce qu'il pense que montrer ce qui fait peur est une façon de s'en (　　).

メモ欄

2

- まず、天気予報官 Emma の話を 2 回聞いてください。
- 次に、その内容について述べた文(1)〜(10)を 2 回通して読みます。それぞれの文が話の内容に一致する場合は解答欄の①に、一致しない場合は②にマークしてください。
- 最後に、もう 1 回 Emma の話を聞いてください。
  （メモは自由にとってかまいません）（配点　10）

  （CD-ROM は、095 → 096 → 097 の順で聞いてください）

メモ欄

第2回実用フランス語技能検定模擬試験（2級）　筆記試験　解答用紙

第2回実用フランス語技能検定模擬試験（2級）書き取り・聞き取り 解答用紙

会　場　名
氏　　　名

会場コード
受験番号

書き取り試験注意事項　（書き取り試験解答欄は裏面にあります。）

フランス語の文章を、次の要領で4回読みます。

- 1回目は、ふつうの速さで全文を読みます。内容をよく理解するようにしてください。
- 3回目は、ポーズをおきますから、その間に書き取ってください（句読点も読みます）。
- 最後に、もう1回ふつうの速さで全文を読みます。
- 読み終わってから3分後に、聞き取り試験にうつります。
- 数を書く場合は、算用数字で書いてかまいません。（配点 14）

書き取り試験

採点欄: ⓪ ① ② ③ ④ ⑤ ⑥ ⑦ ⑧ ⑨ ⑩ ⑪ ⑫ ⑬ ⑭

聞き取り試験

1

解答番号	解答欄	採点欄
(1)		① ⓪
(2)		① ⓪
(3)		① ⓪
(4)		① ⓪
(5)		① ⓪
(6)		① ⓪

2

解答番号	解答欄
(1)	① ②
(2)	① ②
(3)	① ②
(4)	① ②
(5)	① ②
(6)	① ②
(7)	① ②
(8)	① ②
(9)	① ②
(10)	① ②

記入およびマークについての注意事項

1. 解答にはかならずHBまたはBの黒鉛筆（シャープペンシルも可）を使用してください。ボールペンや万年筆等でマークした解答は機械による読み取りの対象とならないため、採点されません。
2. 記入は太線の枠内に、マークは◯の中を正確に塗りつぶしてください（下記マーク例参照）。
3. 訂正の場合は、プラスチック製消しゴムできれいに消してください。採点欄は塗りつぶさないでください。
4. 解答用紙を折り曲げたり、破ったり、汚したりしないでください。

マーク例
良い例: ●
悪い例: ◯ ⊗ ◐ ◑ ⦶

2級 書き取り試験 解答欄

第2回実用フランス語技能検定模擬試験
2次試験（面接試験）

挨拶から始め，一時停止ボタンを押して，質問に答えましょう。面接委員は男女各1名と想定してください。

Le candidat : ....
   Le jury : Bonjour. Asseyez-vous, je vous en prie. D'abord, présentez-vous, s'il vous plaît.
Le candidat : ....
   Le jury : Aimez-vous votre ville ? Pourquoi ?
Le candidat : ....
   Le jury : Je vous remercie. C'est tout pour aujourd'hui. Au revoir.
Le candidat : ....

著者紹介
富田　正二（とみた　しょうじ）
1951年熊本生まれ。1979年，中央大学大学院文学研究科仏文学専攻博士課程満期退学。中央大学，法政大学，獨協大学ほか元講師。仏検対策に関する著書多数。ジョルジュ・ポリツェル「精神分析の終焉──フロイトの夢理論批判」，ジャン＝リュック・ステンメッツ「アルチュール・ランボー伝」（共訳，水声社）など。

完全予想　仏検2級［改訂版］
―書き取り問題・聞き取り問題編―
（MP3 CD-ROM 付）

2019.7.1　改訂版発行

著　者　　富田　正二
発行者　　井田　洋二
発行所　　株式会社　駿河台出版社
〒101-0062 東京都千代田区神田駿河台3の7
電話 03(3291)1676 FAX03(3291)1675
振替 00190-3-56669

印刷・製本　㈱フォレスト

ISBN978-4-411-00552-6　C1085

http://www.e-surugadai.com

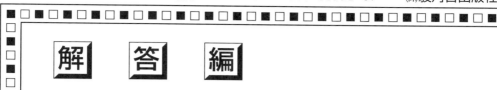

書き取り問題

EXERCICE 1

Les vacances ont terminé et nous sommes retournés au lycée. Je me suis amusée pendant les vacances avec mes amis et ma famille. J'ai fait la cuisine traditionnelle de Noël avec ma mère. Je suis sortie après le réveillon de fin d'année avec mes amis et j'ai pris rendez-vous pour déjeuner avec mon petit ami. Mes parents m'ont offert des chaussures de tennis comme cadeau de Noël. J'espère, cette nouvelle année, avoir de meilleures notes, passer l'examen de l'école de langues et le permis de conduire et pouvoir entrer à l'université.

訳：ヴァカンスは終わりました。私たちはリセにもどりました。私はヴァカンスのあいだ友人たちや家族と楽しみました。私は母とクリスマスの伝統料理を作りました。私は，年末のレヴェイヨン（大晦日の真夜中にとる祝いの夜食）のあとで友人たちと外出して，ボーイフレンドと昼食をとるための約束をしました。両親は私にクリスマスプレゼントとしてテニスシューズをくれました。今年の新年にあたって願わくば，私はより高得点をとり，語学学校と運転免許の試験をパスし，大学に入学できたらいいと思います。

EXERCICE 2

Je suis vétérinaire. J'ai 25 ans. Je pratique la médecine générale non seulement des petits animaux de compagnie, mais aussi des chevaux. Aussi loin que je me souvienne, j'ai toujours voulu devenir vétérinaire. J'ai grandi à la campagne, entourée d'animaux et j'ai toujours voulu travailler avec eux. Ensuite, au fil de mes études, j'ai choisi la spécialité des chevaux. Les chevaux me fascinent et en même temps, il est très difficile de travailler avec eux. On ne manipule pas un cheval de 500 kilos comme on le ferait avec un petit chien.

訳：私は獣医で，25歳です。私はかわいいペットだけではなく，馬にも一般的な医療をほどこしています。記憶しているかぎりでは，私はずっと獣医になりたかったのです。私は動物に囲まれて田舎で育ったので，ずっと動物たちといっしょに働きたかったのです。そのあと勉学が進むなかで，私は馬を専攻することにしました。馬は魅力的ですが，同時にいっしょに働くのはとてもむずかしいです。500キロの馬は，かわいい犬を相手にしているようには扱えません。

EXERCICE 3

Mon mari veut partir à Paris, car nous sommes dans le sud de la France et cela fait maintenant deux ans que mon mari n'a pas trouvé de travail. Son collègue lui a proposé de travailler dans une entreprise de construction à Paris et il va bientôt monter pour commencer à travailler là-bas, et il va chercher un appartement pour nous trois, ensuite je devrai le suivre. Ce qui me fait le plus mal, c'est que je vais laisser ici mes parents. Mes parents sont âgés et ont une santé fragile. Je lui ai dit que je voulais rester près de mes parents mais il n'en peut plus de rester sans rien faire.

訳：私の夫はパリへ行きたがっています。というのは，私たちはフランス南部にいるのですが，夫はもう2年も仕事を見つけ

られないでいるからです。彼の同僚はパリの建設会社で働くように提案しました。彼はまもなくあちらで仕事を始めるために上京します。そして，彼は私たち3人のためにアパルトマンを探し，そのあとで私は彼のあとについて行かなければならないでしょう。私にとって一番つらいのは，ここに両親を残すことです。両親は高齢で，体が弱いのです。私は彼に，両親のそばに残りたいと言いました。しかし，彼はなにもしないでじっとしていることにもう精魂つき果てています。

EXERCICE 4

Lorsque nous en avons l'occasion, nous partons reprendre nos forces à la mer, à moins que nous ne préférions admirer la nature des plus beaux sommets. J'ai eu la chance de grandir entre mer et montagne. Profiter de la neige en hiver puis du soleil et des plages de sable fin en été, ça n'a pas de prix ! J'aime tellement les deux, que je ne saurais pas quoi choisir ! Nous avons tous un endroit qui nous plaît beaucoup près de chez nous. Que ce soit à la mer ou à la campagne, chaque lieu a son charme.

訳：機会があれば，私たちは海へ元気をとり戻しにいきます，美の極致にある自然を観賞するのが好きではないと考えないかぎり。私は幸い海と山に囲まれて育ちました。冬は雪で遊び，夏は太陽と細かい砂の海岸で遊びました。それは値がつけられないほど高い価値があります！私はどちらかを選ぶことができないほど両方大好きです！私たちは全員家の近くにとても気に入っている場所があります。それが海であれ，田舎であれ，それぞれの場所に魅力があるのです。

EXERCICE 5

Je suis institutrice dans un petit village. Mon école primaire ne compte qu'une petite classe unique. L'ensemble des élèves de tous les niveaux sont dans la même salle et reçoivent l'enseignement d'une seule institutrice. J'aime l'ambiance et la manière d'être. Il y a un côté familial. Les relations avec les parents d'élèves sont agréables le plus souvent. Quand j'entends mes collègues qui ont des classes d'un seul niveau, mais avec une trentaine d'élèves, je pense qu'avoir une classe unique avec peu d'élèves est plus facile.

訳：私は小さな村の小学校教師です。私の小学校は小さな単一学級が1クラスしかありません。全学年の生徒全員が同じ教室で，たった1人の先生から教えてもらいます。私はその雰囲気と様態が好きです。家庭的な側面もあります。生徒たちの親との関係はたいてい快適です。単1学年だが，生徒が30名ほどいるクラスを何クラスか担当している同僚の話を聞いていると，少人数の生徒しかいない単一学級を担当するほうが簡単だと思います。

EXERCICE 6

Quand j'étais enfant, il n'y avait pas de télé, je ne faisais pas de vélo alors j'adorais les livres. J'ai débuté ma carrière d'écrivain en 1970. Avant j'étais professeur de français. Je ne sais pas lorsque j'écris à qui mon livre va être destiné. C'est mon éditeur qui choisit après avoir lu le livre si c'est pour les enfants ou pour les adultes. Mes livres ont été traduits en 17 langues et dans le monde entier. J'aime la lecture et la musique. C'est grâce à mon livre que je me suis fait connaître et après, les gens parlaient de moi à la radio, à la télé ou dans le journal.

訳：子どものころ，テレビはありませんでした。サイクリングもしませんでした。当時私は本が大好きでした。私は1970年に作家生活を始めました。それまではフランス語の教師でした。執筆中は私の本がだれを念頭においているのか自分でもわかりません。本を読んだあと，それが子ども向けか大人向けかを選ぶのは私の出版者なのです。私の本は全世界で17ヵ国語に翻訳されました。私は読書と音楽が好きです。私が有名になったのは本のおかげであり，そのあと，人々はラジオやテレビや新聞で私のことを話題にするようになったのです。

EXERCICE 7

J'ai perdu mon fidèle compagnon l'an dernier. Il a vécu parmi nous 18 ans, ce qui est hors norme. Il avait toutes les qualités possibles ! Son départ m'a bouleversée. J'en ai fait une dépression. Encore maintenant, j'ai tous les jours des larmes dans la voix quand j'y pense. Beaucoup de personnes critiquent cet attachement et le trouvent ridicule. Qu'ils pensent ce qu'ils veulent. Mon chien m'a apporté tellement plus que certaines personnes ! Et durant 18 ans ! Une fidélité sans aucune faille !

訳：私は昨年忠実な連れを失いました。彼は私たちに囲まれて18年―これは並はずれています―生きました。彼は考えられるあらゆる長所をそなえていました！彼の旅立ちはたいへんな衝撃でした。私はそのために鬱状態になりました。まだ今でも毎日，彼のことを考えると涙で声がつまってしまいます。多くの人たちはこうした愛着を責め，滑稽だと考えます。そういう人たちは好きなように考えたらいいのです。私の犬は何人かの人たちよりはるかに私の役にたちました！それも18年間も！申しぶんのない忠誠心です！

EXERCICE 8

Pendant un an et demi, j'ai mis trois heures par jour pour aller au travail. Il n'y avait aucune place assise. Il y avait quelquefois des grèves et des accidents de voyageurs. Les métros étaient bondés et chauds tous les jours. J'arrivais au travail en très mauvais état physique et psychologique. Depuis, j'ai déménagé à 5 minutes à pied de mon travail, et je ne le regrette pas. Malgré le surcoût de mon logement, c'est le rêve ! Après le travail, quand il fait beau, je fais un détour pour voir la mer au port. C'est génial car en sortant à 17 heures, il me reste plein de temps.

訳：1年半のあいだ，私は通勤に1日3時間かけていました。電車で座れる席はまったくありませんでした。ときにはストや乗客のアクシデントもありました。地下鉄は毎日満員で暑かったです。私は心身ともにとても悪い状態で職場に着いていました。そのあと私は職場から徒歩で5分のところに引っ越しました。私はそのことを後悔してはいません。住居費はかさみますが，これは夢のようです！仕事のあと，天気がいいときは，港から海を眺めるために回り道をします。これはすばらしいことです。17時に退社したとしても，時間はまだたっぷり残っているからです。

EXERCICE 9

Aujourd'hui, c'est l'automne. Ce n'est pas une raison pour rester enfermé ! Et puis j'ai pensé qu'une promenade au bord d'une rivière pouvait apporter un peu de calme, même si ce n'est que pour quelques heures. Après une semaine stressante, j'ai besoin de reprendre des forces. J'aime beaucoup venir m'y promener. Les senteurs de l'automne, les feuilles multicolores et voir nager les oiseaux. Après avoir profité de la promenade, je mange souvent au restaurant au bord de l'eau.

訳：今日は秋です。家に閉じこもったままでいる理由はありません！それに私は河岸の散歩が，たとえ数時間の予定でしかないにせよ，多少の平穏をもたらすことができると考えたのです。ストレスの多い1週間を過ごしたあと，私は活力をとり戻さなければなりません。私はそこを散歩しに行くのが大好きです。秋の香りやさまざまな色の木の葉も，鳥が水浴びするのを見るのも大好きです。散歩を楽しんだあとは，よく水辺のレストランで食事をします。

EXERCICE 10

J'avais depuis longtemps envie de tourner au Louvre. Quand j'ai rencontré l'équipe de direction du musée et que je leur ai parlé de mon désir de faire un film sur le Louvre pendant la Seconde Guerre mondiale, ils ont trouvé l'idée trop originale. Du moins, c'est ce qu'il m'a semblé. Ils m'ont demandé du temps pour réfléchir. Pourtant, ils m'ont rapidement rappelé pour me donner leur accord. Comment les Français ont-ils réussi à préserver les collections du Louvre ? Je voulais trouver les noms des gens qui ont aidé le Louvre à survivre.

訳：私はずっとまえからルーヴル美術館で映画を撮りたいと思っていました。美術館の管理班と会って，第2次世界大戦中のルーヴル美術館に関する映画を作りたいという願望を話したとき，彼らはそのアイデアを独創的すぎると考えたのです。少なくとも私にはそのように思われました。彼らは私に考える時間を要求してきました。しかし彼らは合意することを私に伝えるためにすぐに電話してきました。フランス人はどのようにしてルーヴルのコレクションを守ることに成功したのでしょうか？私はルーヴルが命脈を保つことに協力した人たちの名前を見つけだしたかったのです。

聞き取り問題

1 インタビュー完成問題

EXERCICE 1
(1) (président) (intervenir)　(2) (6)
(3) (dernière)　(4) (visiter)
(5) (politique)
(6) (représentent) (espèce)

（読まれるテキスト）

Le journaliste : Pourquoi est-ce que votre zoo a accueilli les pandas ?

Delphine : Parce que nous avons fait les démarches. Nous sommes allés voir le président de la République en lui demandant d'intervenir pour nous. Car il faut que le président français demande les pandas au président chinois.

Le journaliste : Depuis combien de temps le zoo se prépare-t-il à les recevoir ?

Delphine : Tout ça a pris 6 ans. Et puis on a construit la partie chinoise du Zoo Parc l'année dernière.

Le journaliste : Comment avez-vous créé l'enclos des pandas ?

Delphine : On a visité tous les zoos qui en accueillent dans le monde. On s'est échangés des plans, des idées avec eux.

Le journaliste : C'est plus compliqué d'accueillir des pandas qu'un autre animal ?

Delphine : Pour la partie politique oui. Mais finalement, pas plus que pour un autre animal.

Le journaliste : Pourquoi était-ce si important pour vous d'avoir des pandas ?

Delphine : Parce que ces animaux représentent une espèce qui est menacée d'extinction.

（読まれる質問）

(1) Qui est-ce que la directrice est allée voir pour accueillir des pandas ?
— Elle est allée voir le (président) de la République pour lui demander d'(intervenir) pour le zoo.

(2) Combien de temps le zoo a-t-il mis pour recevoir des pandas ?
— (6) ans.

(3) Quand est-ce que la partie chinoise du Zoo Parc a été construite ?
— L'année (dernière).

(4) C'était facile de créer l'enclos des pandas ?
— Non. Il a fallu (visiter) tous les zoos qui accueillent des pandas dans le monde.

(5) C'est compliqué d'accueillir des pandas ?
— Pour la partie (politique) oui.

(6) Pourquoi était-ce important d'avoir des pandas ?
— Parce que les pandas (repré-

ページ

sentent) une (espèce) qui est en voie de disparition.

ジャーナリスト：なぜあなたの動物園はパンダを迎え入れられたのですか？
デルフィーヌ：そのために働きかけをしたからです。私たちは共和国大統領に会いに行って，私たちのためにあいだに入ってくれるよう頼みました。というのは，フランスの大統領が中国の国家主席にパンダを要求する必要があるからです。
ジャーナリスト：どれくらい前から動物園はパンダの受け入れ準備をするのですか？
デルフィーヌ：全部で6年かかりました。そのあとで昨年，動物公園の中国部門を建設しました。
ジャーナリスト：あなたはどのようにしてパンダの囲い地を考案したのですか？
デルフィーヌ：世界でパンダを受け入れているすべての動物園を見学しました。私たちは彼らとプランやアイデアを交換しました。
ジャーナリスト：パンダを受け入れるのは他の動物より一筋縄でいきませんか？
デルフィーヌ：そうです，政治的な側面がありますから。でも結局，他の動物について以上ということもありません。
ジャーナリスト：パンダを手に入れることは，あなたにとってなぜそれほど重要だったのですか？
デルフィーヌ：この動物が絶滅危惧種を代表しているからです。

(1) 園長はパンダを受け入れるためにだれに会いに行きましたか？
―彼女は，動物園のために**あいだに入って**くれるよう頼むために共和国**大統領**に会いに行きました。
(2) 動物園はパンダを受けいれるためにどれくらいの時間を要しましたか？
― 6年です。
(3) 動物公園の中国部門はいつ建設されたのですか？
―**昨**年です。
(4) パンダの囲い地を考案するのは簡単でしたか？
―いいえ。世界でパンダを受け入れているすべての動物園を**見学**しなければなりませんでした。
(5) パンダを受け入れるのは一筋縄ではいきませんか？
―そうです。**政治的な**側面がありますから。
(6) パンダを手に入れることはなぜ重要だったのですか？
―パンダが絶滅危惧**種**を**代表**しているからです。

ページ 16

EXERCICE 2

(1) (18) (2) (suite) (3) (pâtissière)
(4) (aise) (rôle) (5) (touche)
(6) (horaires) (contact)

（読まれるテキスト）

Le journaliste : Monique, vous nous avez dit que vous dirigiez cet hôtel depuis 18 ans, qu'est-ce qui vous a poussé à en prendre la direction ?

Monique : L'hôtel appartenait à mes parents. J'ai donc pris leur suite assez naturellement même si j'ai fait des études pour devenir pâtissière.

Le journaliste : Ça vous a semblé difficile de bien accueillir les clients ?

Monique : Il m'est souvent arrivé de prendre le rôle de réceptionniste pour aider mes parents. J'étais donc très à l'aise avec son fonctionnement. En plus, j'aime cet hôtel, il fait partie de moi.

Le journaliste : Et votre envie de devenir pâtissière alors ?

Monique : Finalement, je suis plus douée en gestion qu'en pâtisserie même si j'adore ça !

Le journaliste : À quoi ressemblent vos journées ?

Monique : Notre hôtel est assez petit donc je touche à tout. J'ai beaucoup de petites choses à faire en même temps.

Le journaliste : Quels sont les avantages et les inconvénients de votre métier ?

Monique : L'hôtel est toujours ouvert. Les horaires peuvent donc parfois être contraignants. Cependant ce qui me plaît, c'est le contact avec les clients.

（読まれる質問）

(1) Depuis quand est-ce que Monique dirige cet hôtel ?

　　　　—Elle le dirige depuis (18) ans.
(2) Comment Monique est-elle devenue directrice de cet hôtel ?
　　　　—Elle a pris la (suite) de ses parents qui avaient dirigé cet hôtel.
(3) Est-ce que Monique a toujours voulu être directrice d'hôtel ?
　　　　—Non, elle a fait des études pour devenir (pâtissière).
(4) Est-ce que Monique accueillait les clients avec difficulté ?
　　　　—Non, elle était très à l'(aise) parce qu'elle prenait souvent le (rôle) de réceptionniste pour aider ses parents.
(5) Qu'est-ce que Monique fait tous les jours en tant que directrice d'hôtel ?
　　　　—Elle (touche) à tout.
(6) Qu'est-ce que Monique pense de son métier ?
　　　　—Elle pense que les (horaires) sont contraignants, mais elle aime le (contact) avec les clients.

ジャーナリスト：モニック，あなたは私たちに，このホテルを18年まえから切り盛りしていると言いました。なにがあなたをホテル経営にかりたてたのですか？
モニック：ホテルは両親のものでした。だからパティシエになるための勉強をしたにせよ，ごく自然に後を継いだんです。
ジャーナリスト：接客はあなたにはむずかしそうでしたか？
モニック：私は両親を手伝うために，フロント係の役をするということがよくありました。だから，フロント係をしているときはとても気楽な気持ちでした。それに，私はこのホテルを愛しています，ここは私の一部になっているのです。
ジャーナリスト：ではパティシエになりたいという気持ちはどうなりましたか？
モニック：結局私は，たとえ大好きだとはいえ，パティシエよりも経営の才能に恵まれているのです！
ジャーナリスト：あなたの毎日はどんな感じですか？
モニック：私たちのホテルはかなり小さい，だから私はすべてのことにかかわります。同時にしなければならない細々したことがたくさんあります。

ジャーナリスト：あなたの職業の利点と難点は何ですか？
モニック：ホテルは常時開いています。だからときには勤務時間に拘束されることもあります。しかし私の気に入っているのは，接客です。
(1) モニックはいつからこのホテルを経営しているのですか？
　　　　—彼女は，**18年まえから経営しています**。
(2) モニックはどのようにしてこのホテルの支配人になったのですか？
　　　　—このホテルを経営していた両親の**後**を継いだのです。
(3) モニックはずっとホテルの支配人になりたかったのですか？
　　　　—いいえ，彼女は**パティシエ**になるために勉強しました。
(4) モニックには接客はむずかしかったですか？
　　　　—いいえ，彼女はとても**気楽**でした。両親を手伝うために，フロント係の**役**をするということがよくあったからです。
(5) モニックはホテルの支配人として毎日なにをしているのですか？
　　　　—彼女はすべてのことに**かかわります**。
(6) モニックは自分の仕事をどう思っていますか？
　　　　—**勤務時間**に拘束されることがあると考えています。しかし彼女は**接客**が好きです。

17　**EXERCICE 3**
(1) (centaine)
(2) (rencontré) (passionnant)
(3) (plein) (partiel)
(4) (rejoindre)　(5) (compte) (main)

（読まれるテキスト）
La journaliste : Quelle formation avez-vous suivi pour devenir architecte ?
Roger : Je suis allé à l'école d'architecture de Lille. La formation durait six ans, aujourd'hui elle se déroule en sept ans. À l'origine, environ 1 200 personnes se présentent et seulement une centaine est acceptée.
La journaliste : Pourquoi vous avez choisi ce métier ?

Roger : Depuis mes 14 ans j'ai eu envie de devenir architecte. C'était vraiment une rencontre avec un métier passionnant, mais je ne l'explique pas vraiment.

La journaliste : Quels sont vos stages professionnels ?

Roger : Pendant les études, on peut commencer à travailler dans un cabinet d'architecture. En troisième année, j'ai donc travaillé au sein d'un cabinet. On commence à toucher un peu aux projets, on dessine. À la fin des études, il y a un stage obligatoire de 4 mois à temps plein ou de 6 mois à temps partiel.

La journaliste : Quand on sort d'une école d'architecture, où peut-on travailler ?

Roger : Il y a trois voies : d'abord on peut rejoindre un cabinet d'architecture. Sinon on peut travailler plutôt dans tout ce qui est projets de l'administration. Et enfin la dernière voie qui est rarement choisie, c'est de se mettre à son compte.

La journaliste : Pourquoi vous avez choisi d'ouvrir votre propre bureau d'architecture ?

Roger : J'avais envie d'avoir la main mise sur ce que je faisais. Je voulais donc travailler à mon compte.

（読まれる質問）

(1) Sur environ 1 200 candidats, combien de personnes sont acceptées à l'école d'architecture de Lille ?
　—Seulement une (centaine).

(2) Pourquoi Roger a-t-il choisi ce métier ?
　—Il a (rencontré) avec ce métier (passionnant) à l'âge de 14 ans.

(3) Quel stage les stagiaires doivent-ils suivre à la fin des études ?
　—Ils doivent suivre un stage de 4 mois à temps (plein) ou de 6 mois à temps (partiel).

(4) Il y a trois voies que les stagiaires peuvent prendre après être sortis d'une école d'architecture. Quelle est la première voie ?
　—C'est (rejoindre) un cabinet d'architecture.

(5) Quelle voie Roger a-t-il choisi ? Pourquoi ?
　—C'est de se mettre à son (compte) parce qu'il avait envie d'avoir la (main) mise sur ce qu'il faisait.

ジャーナリスト：あなたは建築家になるためにどのような講習を受けたのですか？

ロジェ：私はリール建築学校に通いました。講習は6年続いていましたが，現在は7年にのびています。初めは，約1200名が応募しますが，合格するのは100名ほどにすぎません。

ジャーナリスト：なぜあなたはこの職業を選んだのですか？

ロジェ：14歳のころから私は建築家になりたかったのです。それはほんとうにわくわくする仕事との出会いでした。しかし，実際にはそれを説明できません。

ジャーナリスト：あなたたちの職業研修はどんなものなのですか？

ロジェ：学校へ通っているあいだも建築事務所で働き始めることができます。だから私は3年生のとき，事務所に入って働きました。はじめ少し設計案にかかわり，そして設計図を作ります。卒業すると，フルタイムで4ヶ月の必修研修かパートタイムで6ヶ月の必修研修があります。

ジャーナリスト：建築学校を卒業したら，どこで働くことができるのですか？

ロジェ：3つの道があります。まず建築事務所に復帰することができます。さもなければ，どちらかといえば行政機関の企画となるすべてにおいて働くことができます。そしてめったに選ばれない最後の道は自立することです。

ジャーナリスト：なぜあなたは自分の建築事務所を開設するほうを選んだのですか？

ロジェ：私は自分でなにをしたいのか見つけたかったのです。だから自立して仕事をしたかったのです。

(1) リール建築学校には約1200名の受験者中，何名が合格しますか？
　—100名ほどにすぎません。

ページ
(2) ロジェはなぜこの職業を選んだのですか？
　―彼は14歳のとき，この**ワクワクする**仕事と**出会い**ました。
(3) 研修生は卒業後どんな研修を受けなければなりませんか？
　―彼らは**フルタイム**で4ヶ月，もしくは**パートタイム**で6ヶ月の研習を受けなければなりません。
(4) 建築学校卒業後，研修生は3つの道から選ぶことができます。最初の道は何ですか？
　―それは建築事務所に**もどる**道です。
(5) ロジェはどの道を選びましたか？なぜですか？
　―**自立**する道です。というのは，自分でなにをしたいのか**見つけ**たかったからです。

18 **EXERCICE 4**
(1) (dossier) (2) (expliquer) (règles)
(3) (entreprise) (4) (complice)
(5) (plaindre) (autour) (6) (retire)

（読まれるテキスト）

La journaliste : Est-ce que le métier d'avocat vous prend tout votre temps ?

Joseph : Oui, traiter un dossier prend énormément de temps. Une fois j'ai même dû renoncer à des vacances pour une affaire.

La journaliste : Est-ce dur de défendre son client ?

Joseph : Oui, c'est dur mais c'est passionnant. Il y a deux démarches, la première est d'expliquer à son client les règles et la deuxième démarche consiste à défendre la justice de son client avec une thèse.

La journaliste : Quelles sortes d'affaires traitez-vous ?

Joseph : Je traite les affaires dans le domaine de l'entreprise. Je me suis spécialisé dans ce domaine mais théoriquement je suis capable de traiter toutes sortes d'affaires.

La journaliste : Est-ce que vous mentez parfois pour gagner un procès ?

ページ

Joseph : Je ne mens pas, je ne suis pas le complice de mon client.

La journaliste : Perdre une affaire fait-elle baisser votre réputation dans le monde des avocats ?

Joseph : Oui, si mon client se plaint de mes mauvais services autour de lui.

La journaliste : Est-ce qu'une personne peut avoir plusieurs avocats en même temps ?

Joseph : Non, mais elle peut en changer lorsque son avocat se retire de l'affaire.

（読まれる質問）
(1) Pour quoi l'avocat met-il énormément de temps ?
　―C'est pour traiter un (dossier).
(2) Il y a deux démarches quand l'avocat défend son client. Quelle est la première démarche ?
　―C'est d'(expliquer) à son client les (règles).
(3) Dans quel domaine Joseph s'est-il spécialisé ?
　―Il traite les affaires dans le domaine de l'(entreprise).
(4) Est-ce qu'il arrive que Joseph mente pour gagner un procès ?
　―Non, il ne ment pas parce qu'il n'est pas le (complice) de son client.
(5) Pourquoi la réputation de Joseph peut-elle baisser dans le monde des avocats s'il perd une affaire ?
　―Parce que son client peut se (plaindre) de ses mauvais services (autour) de lui.
(6) Quand le client peut-t-il changer d'avocat ?
　―Il peut en changer lorsque son avocat se (retire) d'une affaire.

ジャーナリスト：弁護士という仕事にはたっぷり時間がかかりますか？
ジョゼフ：はい，関係書類の処理だけでも彫大な時間を要します。一度など訴訟のためにヴァカンスをあきらめなければなら

ないことさえありました。
ジャーナリスト：依頼人の弁護はむずかしいですか？
ジョゼフ：はい，むずかしい，反面とてもおもしろい。2つの手続きがあります。最初は，依頼人に規則を説明すること，2番目の手続きは，ある説に基づいて依頼人の正当性を守ることです。
ジャーナリスト：あなたはどのような訴訟をとり扱うのですか？
ジョゼフ：企業関係の訴訟を扱います。私はこの領域が専門でした。しかし理論的にはどんな種類の訴訟もとり扱うことができます。
ジャーナリスト：あなたは訴訟に勝つために嘘をつくことがありますか？
ジョゼフ：私は嘘はつきません。依頼人の共犯者ではないからです。
ジャーナリスト：訴訟に負けると弁護士界での評判を下げることになりますか？
ジョゼフ：はい，依頼人が周りに私の不出来な仕事について苦情を言いふらしたりすると。
ジャーナリスト：1人で同時に何人もの弁護士に依頼することはできるのですか？
ジョゼフ：いいえ，しかし弁護士が訴訟から手をひくときは弁護士をかえることができます。

(1) 何のために弁護士は彫大な時間をかけますか？
　―**関係書類**を処理するためです。
(2) 弁護士が依頼人を弁護するとき2つの手続きがあります。最初の手続きはどのようなものですか？
　―依頼人に**規則**を**説明する**ことです。
(3) ジョゼフはどのような分野を専門でしたか？
　―彼は**企業**関係の訴訟を扱います。
(4) ジョゼフは訴訟に勝つために嘘をつくことがありますか？
　―いいえ，嘘はつきません。彼は依頼人の**共犯者**ではないからです。
(5) 訴訟に負けたら，なぜ弁護士界でジョゼフの評判が下がるかもしれないのですか？
　―依頼人が周りに彼の不出来な仕事について**苦情**を言いふらすかもしれないからです。
(6) いつ依頼人は弁護士をかえることができるのですか？
　―弁護士が訴訟から**手をひく**ときは弁護士をかえることができます。

EXERCICE 5
(1) (gentils)　(2) (pendant)
(3) (musées) (parcs)　(4) (serveuse)
(5) (5) (mardi)　(6) (98)

（読まれるテキスト）

Le journaliste : Pourquoi avez-vous décidé de quitter la France ?

Babette : Et bien, quand j'étais étudiante, je voulais voyager autour du monde. Et puis, en France, je ne trouvais pas de travail. Alors, je suis partie.

Le journaliste : Pourquoi avez-vous choisi le Québec ?

Babette : Je suis allée au Canada deux fois pendant des vacances d'été et j'ai adoré, entre autres, le Québec. Les Québécois sont très gentils et ici, tout le monde parle le français.

Le journaliste : Chez qui descendiez-vous ?

Babette : Chez mon frère. Il a étudié pendant quatre ans à Montréal.

Le journaliste : Qu'est-ce qui vous intéressait ?

Babette : Tout ! J'aimais visiter les musées, me promener dans les parcs.

Le journaliste : Que faites-vous dans la vie ?

Babette : Je suis serveuse dans un restaurant français.

Le journaliste : Quelles sont les conditions de travail ?

Babette : Je travaille cinq jours par semaine, du mardi au samedi, seulement le soir. Et, j'ai trois semaines de vacances par an.

Le journaliste : Vous avez des projets ?

Babette : Je vais en France cet été. Ma famille va se réunir. Ma grand-mère aura 98 ans le 30 juillet. On fera la fête.

（読まれる質問）

(1) Pourquoi Babette a-t-elle adoré le Québec ?

—Parce que les Québécois sont très (gentils) et tout le monde y parle le français.
(2) Est-ce que Babette connaissait quelqu'un au Québec ?
—Oui, elle avait un frère qui a étudié (pendant) quatre ans à Montréal.
(3) Qu'est-ce qui intéressait Babette à Montréal ?
—Tout ! Elle aimait visiter les (musées), se promener dans les (parcs).
(4) Est-ce que Babette travaille maintenant ?
—Oui, elle est (serveuse) dans un restaurant français.
(5) Combien de jours par semaine Babette travaille-t-elle ?
—Elle travaille (5) jours par semaine, du (mardi) au samedi, seulement le soir.
(6) Quel âge sa grand-mère aura-t-elle le 30 juillet ?
—Elle aura (98) ans.

ジャーナリスト：なぜあなたはフランスを離れると決めたのですか？
バベット：そうですねえ，学生のころ私は世界中を旅行したかったのです。その後フランスでは仕事が見つかりませんでした。だからフランスを出発しました。
ジャーナリスト：なぜあなたはケベック地方を選んだのですか？
バベット：私は夏のヴァカンスのあいだに2回カナダへ行ったことがあります。そして，なかでもケベック地方が大好きになったのです。ケベックの人たちはとても親切です。それにここではみんながフランス語を話します。
ジャーナリスト：だれの家に泊まっていたのですか？
バベット：兄[弟]のところです。彼はモントリオールで4年間勉強しました。
ジャーナリスト：あなたにはなにが興味深かったのですか？
バベット：全部です！私は美術館を見学したり，公園を散歩したりするのが好きでした。
ジャーナリスト：何の仕事をしているのですか？
バベット：私はフレンチレストランのウエートレスです。
ジャーナリスト：労働条件はどんなものですか？
バベット：私は週に5日間，火曜日から土曜日まで，それも夜だけ働きます。そして年に3週間のヴァカンスがあります。
ジャーナリスト：計画はありますか？
バベット：今年の夏フランスへ行きます。私の家族も集まります。祖母は7月30日で98歳になります。みんなでお祝いをします。

(1) なぜバベットはケベック地方が大好きになったのですか？
—ケベックの人たちはとても**親切で**，そこではみんながフランス語を話すからです。
(2) バベットはケベック地方でだれかと知り合いでしたか？
—はい，彼女にはモントリオールで4年間勉強した兄[弟]がいました。
(3) バベットにはモントリオールのなにが興味深かったのですか？
—全部です！彼女は**美術館**を見学したり，**公園**を散歩したりするのが好きでした。
(4) 現在バベットは仕事をしているのですか？
—はい，フレンチレストランの**ウエートレス**です。
(5) バベットは週に何日働きますか？
—彼女は週に**5日間**，**火曜日**から土曜日まで，それも夜だけ働きます。
(6) 彼女の祖母は7月30日で何歳になりますか？
—彼女は**98歳**になります。

20 **EXERCICE 6**
(1) (proposer) (soirée)
(2) (professionnels)　(3) (spectateurs)
(4) (généreux)
(5) (interdit) (habitude)　(6) (aise)

（読まれるテキスト）
La journaliste : Pourquoi vous êtes-vous proposé pour animer cette émission ?
Olivier : Ce qui m'a plu, c'est le concept en général. C'est le fait de proposer quelque chose de familial en début de soirée. J'aime l'idée que les émissions soient pour toute la famille.
La journaliste : Avez-vous été

étonné par le talent des familles que vous avez reçues ?

Olivier : Oui, car ce ne sont pas des professionnels. Ce sont des gens comme vous et moi qui ont décidé de proposer un jeu artistique aux téléspectateurs.

La journaliste : Pourquoi n'y a-t-il pas de jury dans l'émission ?

Olivier : Parce que les spectateurs dans la salle sont tous membres du jury. Les parents d'un côté, les enfants de l'autre.

La journaliste : Enfants et parents votent pareil ?

Olivier : Non, les enfants sont souvent plus généreux que les parents. Ils s'enthousiasment plus que les adultes.

La journaliste : Avez-vous changé quelque chose dans votre façon de présenter par rapport à d'habitude ?

Olivier : Je ne me suis pas interdit de parler comme d'habitude. On peut très bien parler aux enfants comme on parle aux adultes.

La journaliste : Animer une émission de divertissement, ça vous convient ?

Olivier : Je m'y sens très à l'aise. J'aime bien m'amuser.

(読まれる質問)

(1) Quel est le concept de cette émission ?
　—C'est le fait de (proposer) quelque chose de familial en début de (soirée).

(2) Pourquoi Olivier a-t-il été étonné par le talent des familles qu'il a reçues ?
　—Parce que les personnes qui sont passées dans cette émission ne sont pas des (professionnels).

(3) Y a-t-il un jury dans cette émission ?
　—Non, les (spectateurs) dans la salle sont tous membres du jury.

(4) Les enfants et les parents votent-ils pareil ?
　—Non, les enfants sont souvent plus (généreux) que les parents.

(5) Olivier a-t-il changé sa façon de présenter dans cette émission ?
　—Non, il ne s'est pas (interdit) de parler comme d'(habitude).

(6) Est-ce qu'il plaît à Olivier d'animer cette émission ?
　—Oui, il s'y sent très à l'(aise).

ジャーナリスト：なぜあなたはこの番組の司会をするために名乗りをあげたのですか？

オリヴィエ：私の気に入ったのはコンセプト全般です。それは，夕方の早い時間に家族のことをなにか提示することです。番組は家族全員のためにあるという考えが好きです。

ジャーナリスト：あなたは招待した家族の才能に驚きましたか？

オリヴィエ：はい，というのも彼らはプロではないからです。テレビ視聴者に芸術的演技を提案しようと決めたのは，あなたや私のような人たちです。

ジャーナリスト：なぜ番組には選考委員がいないのですか？

オリヴィエ：会場にいる視聴者が全員選考委員だからです。一方のサイドには親たちがいて，もう一方のサイドには子どもたちがいます。

ジャーナリスト：子どもと親は同じように投票しますか？

オリヴィエ：いいえ，子どもたちはたいてい親たちより寛大です。彼らは大人たちより感激します。

ジャーナリスト：あなたはふだんと比べて，紹介の仕方をなにか変えましたか？

オリヴィエ：私はいつものようには話さないようにしているわけではありません。大人に話すように，子どもにもとてもうまく話すことができます。

ジャーナリスト：娯楽番組の司会は，あなたに合っていますか？

オリヴィエ：私はとても居心地がいいと感じています。私は遊ぶことが大好きです。

(1) この番組のコンセプトは何ですか？
　—**夕方**の早い時間に家族のことを**なにか提示する**ことです。

(2) なぜオリヴィエは招待した家族の才能に

驚いたのですか？
—というのは，この番組に出演した人たちは**プロ**ではないからです。
(3) この番組に選考委員はいますか？
—いいえ，会場にいる**視聴者**が全員選考委員です。
(4) 子どもと親は同じように投票しますか？
—いいえ，子どもたちはたいてい親たちより**寛大**です。
(5) オリヴィエはこの番組で紹介の仕方を変えましたか？
—いいえ，彼は**いつものようには話さないようにしている**わけではありません。
(6) この番組の司会は，オリヴィエの気に入っていますか？
—はい，彼はとても**居心地がいい**と感じています。

21 **EXERCICE 7**
(1) (droit)　(2) (meilleure)
(3) (entraîné)　(4) (terrain) (découvrir)
(5) (événements)　(6) (agréable) (but)

（読まれるテキスト）

La journaliste : Comment êtes-vous devenu photographe de presse ?

Guillaume : J'étais étudiant en droit à Montpellier. J'ai eu des places pour voir un match de football. Là, j'ai vu les photographes sur le bord du terrain et je me suis dit : «Eux, ils ont une meilleure place que moi.» J'ai décidé aussitôt : «Je veux devenir photographe.» J'avais 23 ans.

La journaliste : Avez-vous appris la photographie ?

Guillaume : J'ai eu la chance de rencontrer un photographe qui m'a «entraîné» pendant trois mois.

La journaliste : Comment faire pour prendre de bonnes photos ?

Guillaume : Il faut être sur le terrain, se poser beaucoup de questions, avoir une envie de découvrir. Et la technique suit. Ce n'est pas en regardant des livres de photos qu'on devient photographe.

La journaliste : Quels sont vos domaines préférés ?

Guillaume : J'ai été passionné par les conflits pendant une quinzaine d'années. Après, j'ai eu mes enfants. Il fallait penser à eux. J'ai commencé à m'intéresser aux gros événements sportifs. J'adore couvrir les Jeux Olympiques, les Coupes du Monde de foot, c'est extraordinaire.

La journaliste : Ça fait quoi de voir vos photos publiées dans les journaux ?

Guillaume : C'est agréable, mais c'est loin d'être un but. J'aime ce métier pour les voyages, la découverte, l'histoire et les gens.

（読まれる質問）

(1) Qu'est-ce que Guillaume faisait avant de devenir photographe de presse ?
—Il était étudiant en (droit) à Montpellier.

(2) Pourquoi Guillaume a-t-il voulu devenir photographe ?
—Parce que les photographes avaient une (meilleure) place que lui quand il est allé voir un match de football.

(3) Est-ce que Guillaume est allé dans une école de photographie pour apprendre la photographie ?
—Non, un photographe qu'il a eu la chance de rencontrer l'a (entraîné) pendant trois mois.

(4) D'après Guillaume, comment doit-on faire pour prendre de bonnes photos ?
—Il faut être sur le (terrain), se poser beaucoup de questions, avoir une envie de (découvrir).

(5) À quels domaines Guillaume s'intéresse-t-il maintenant ?
—Aux gros (événements) sportifs.

(6) Ça fait plaisir à Guillaume de

voir ses photos publiées dans les journaux ?
—Oui, c'est (agréable), mais c'est loin d'être un (but).

ジャーナリスト：あなたはどのようにして報道カメラマンになったのですか？

ギヨーム：私はモンペリエで法学部の学生でした。私はサッカーの試合を見るために席をとりました。そこで私はグラウンドの縁にいるカメラマンたちが目に入りました。そして思いました。「彼らは私よりいい席をもっている」と。私はすぐに決めました。「カメラマンになりたい」と。私は23歳でした。

ジャーナリスト：あなたは写真の撮り方を習ったのですか？

ギヨーム：幸い私はあるカメラマンと出会いました。その人が3ヶ月間私を「訓練」してくれました。

ジャーナリスト：いい写真を撮るためにはどうすればいいのですか？

ギヨーム：現地へ行って，たくさんの問いかけを自分にぶつけ，なにかを発見したいと思わなければなりません。そうすれば技術はあとからついてきます。カメラマンになるのは，写真の本を眺めることによってではありません。

ジャーナリスト：あなたの好きな分野は何ですか？

ギヨーム：私は15年ほど紛争に夢中でした。そのあと，子どもたちが生まれました。彼らのことを考えなければならなくなりました。私は大きなスポーツイベントに興味をもちはじめました。オリンピック，サッカーのワールドカップを報道するのは大好きです。それはすばらしいです。

ジャーナリスト：新聞に発表されたあなたの写真を見てどう感じますか？

ギヨーム：それは気持ちがいいですが，しかし，そんなことはまるで目的ではありません。この仕事を好きなのは，旅，発見，歴史，人との出会いがあるからです。

(1) ギヨームは報道カメラマンになるまえ，なにをしていましたか？
—彼はモンペリエで**法学部**の学生でした。

(2) なぜギヨームはカメラマンになりたいと思ったのですか？
—というのは，サッカーの試合を見に行ったとき，カメラマンたちが彼**よりいい席**にいたからです。

(3) ギヨームは写真の撮り方を学ぶために写真学校へ行きましたか？
—いいえ，幸い出会ったあるカメラマンが3ヶ月間彼を**訓練**してくれました。

(4) ギヨームによると，いい写真を撮るためにはどうしなければなりませんか？
—**現地**へ行って，たくさんの問いかけを自分にぶつけ，**なにかを発見**したいと思わなければなりません。

(5) 現在ギヨームはどのような分野に興味をもっていますか？
—大きなスポーツ**イベント**です。

(6) 新聞に発表された写真を見るとギヨームはうれしいですか？
—はい，それは**気持ちがいい**ですが，しかしそんなことはまるで**目的**ではありません。

22 **EXERCICE 8**

(1) (seule) (agriculture)
(2) (respectée) (3) (mise) (4) (besoin)
(5) (figurent) (territoires) (6) (devoir)

（読まれるテキスト）

La journaliste : Il y a 100 ans, c'était vraiment nouveau de prendre la défense des oiseaux ?

Dominique : Sans aucun doute, car à l'époque, il y avait une seule loi protégeant les oiseaux. Mais elle visait à protéger «les oiseaux utiles à l'agriculture».

La journaliste : Le combat a-t-il parfois été dur ?

Dominique : C'est vrai que nous étions révoltés, car la loi protégeant les oiseaux n'était pas respectée.

La journaliste : Vous organisez aussi beaucoup de formations. Le public est-il toujours le même qu'il y a 100 ans ?

Dominique : Les choses ont bien changé. Au début du siècle dernier, et pendant longtemps, aimer l'oiseau c'était l'avoir dans une petite cage. Nous nous sommes mis à agir pour «l'oiseau libre».

La journaliste : L'association de protection des oiseaux s'occupe aussi d'autres animaux ?

Dominique: Oui, de plus en plus. Car nous avons compris que, si l'oiseau restait notre «cœur de métier», tous les animaux avaient besoin d'être aidés. C'est ainsi que nous nous sommes ouverts à l'ensemble du vivant.

La journaliste: Qu'est-ce que vous aimeriez dire sur les oiseaux ou la nature ?

Dominique: Les régions sauvages de la France figurent parmi les territoires les plus remarquables du monde. Nous avons cette chance exceptionnelle de pouvoir vivre dans cet environnement. Nous avons, par conséquent, le devoir de le protéger.

（読まれる質問）

(1) Est-ce qu'il y avait une loi protégeant les oiseaux il y a cent ans ?
  — Oui, il y avait une (seule) loi qui visait à protéger «les oiseaux utiles à l'(agriculture)».

(2) Pourquoi l'association de protection des oiseaux était-elle révoltée ?
  — Parce que la loi protégeant les oiseaux n'était pas (respectée).

(3) Quelle activité cette association a-t-elle récemment ?
  — Elle s'est (mise) à agir pour «l'oiseau libre».

(4) Cette association ne s'occupe-t-elle que des oiseaux ?
  — Non, elle a compris que tous les animaux avaient (besoin) d'être aidés.

(5) Est-ce qu'il reste encore des régions sauvages en France ?
  — Oui, elles (figurent) parmi les (territoires) les plus remarquables du monde.

(6) Que Dominique pense-t-il de l'environnement naturel de la France ?
  — On a le (devoir) de le protéger.

ジャーナリスト：100年まえなら野鳥を保護することはほんとうに新しいことでしたか？

ドミニク：疑いなく。というのは当時，野鳥を守る法律は1つしかありませんでした。ただしそれは「農業に有益な野鳥」の保護をめざすものでした。

ジャーナリスト：闘いはときにきびしかったですか？

ドミニク：私たちが反乱を起こしたのは事実です。というのは，野鳥保護法が守られていなかったからです。

ジャーナリスト：あなたはたくさんの団体も設立しています。大衆は100年まえとあいかわらず同じですか？

ドミニク：状況は大きく変わりました。前世紀初めは長らく，鳥を愛することは鳥を小さな籠のなかで飼うことでした。私たちは「自由な鳥」のために活動を始めました。

ジャーナリスト：野鳥保護協会はほかの動物にもかかわっているのですか？

ドミニク：そうです，範囲はどんどん広がっています。というのは，野鳥があいかわらず私たちの「仕事の中心」であるにせよ，すべての動物たちが助けを必要としていることがわかったからです。そういうわけで，私たちは生きているもの全体を受けいれたのです。

ジャーナリスト：野鳥もしくは自然についてなにか言いたいことはありますか？

ドミニク：フランスの人跡未踏の地は，世界でもっとも注目すべき動物の生息地に入っています。私たちはこうした環境のなかで生活できるという特別な幸運に恵まれているのです。したがって私たちにはこの環境を守る義務があるのです。

(1) 100年まえから野鳥を保護する法律はありましたか？
  —はい，**農業に有益な野鳥**」の保護をめざす法律が**1つだけ**ありました。

(2) なぜ野鳥保護協会は反乱を起こしたのですか？
  —野鳥保護法が**守られ**なかったからです。

(3) 最近この協会はどんな活動をしていますか？
  —「自由な鳥」のために活動を**始め**ました。

(4) この協会がかかわっているのは野鳥だけですか？
  —いいえ，協会はすべての動物たちが助けを**必要**としていることに気づきました。

(5) フランスにはまだ人跡未踏の地が残っていますか？

—はい，そこは世界でもっとも注目すべき**動物の生息地**に入っています。
(6) ドミニクはフランスの自然環境についてどう考えていますか？
—私たちにはそれを守る**義務**があります。

23 **EXERCICE 9**
(1) (étranger)　(2) (28) (publicitaires)
(3) (près)　(4) (42)　(5) (soir)
(6) (nerveuse) (normal)

（読まれるテキスト）

Le journaliste : Bonjour, votre nom d'artiste est connu dans le monde entier, mais quel est votre vrai nom ?

Claudia : Je m'appelle Claudia Calment.

Le journaliste : Où êtes-vous née ?

Claudia : Je suis née à Nantes, en Bretagne. Ma famille habite en Bretagne mais j'ai des amis partout en France et à l'étranger.

Le journaliste : Vous avez tourné combien de films ?

Claudia : Au total, j'ai joué dans 28 films et 17 spots publicitaires.

Le journaliste : Et vous voyagez beaucoup ?

Claudia : Non, parce que j'ai deux enfants et je veux rester près de ma famille.

Le journaliste : Deux enfants ? Mais vous semblez très jeune ! Puis-je demander votre âge ?

Claudia : Oui, bien sûr ! Ce n'est pas un secret.

Le journaliste : Alors quel âge avez-vous ?

Claudia : J'ai 42 ans.

Le journaliste : Ce soir, le jury du festival va donner le nom du film gagnant. Avez-vous peur ? Comment est-ce que vous vous sentez ?

Claudia : Peur ? Pourquoi ? Non, bien sûr ! Je suis un peu nerveuse mais je pense que c'est normal.

Le journaliste : Madame Calment, merci beaucoup pour vos réponses.

（読まれる質問）

(1) Est-ce que Claudia a des amis seulement en France ?
—Non, elle a des amis aussi à l'(étranger).
(2) Combien de films Claudia a-t-elle tourné au total ?
—Elle a joué dans (28) films et 17 spots (publicitaires).
(3) Pourquoi Claudia ne voyage-t-elle pas beaucoup ?
—Parce qu'elle a deux enfants et elle veut rester (près) de sa famille.
(4) Claudia a quel âge ?
—Elle a (42) ans.
(5) Quand est-ce que le jury du festival va donner le nom du film gagnant ?
—Ce (soir).
(6) Comment est-ce que Claudia se sent en attendant l'annonce du résultat.
—Elle est un peu (nerveuse) mais elle pense que c'est (normal).

ジャーナリスト：こんにちは，あなたの芸名は全世界に知られていますが，あなたの本名は何ですか？
クローディア：クローディア・カルマンです。
ジャーナリスト：あなたはどこで生まれましたか？
クローディア：ブルターニュ地方のナントで生まれました。家族はブルターニュ地方に住んでいますが，私にはフランスにかぎらず外国にもいたるところに友人がいます。
ジャーナリスト：あなたは何本の映画を撮りましたか？
クローディア：全部で28本の映画と17本のスポット広告に出演しました。
ジャーナリスト：よく旅行しますか？
クローディア：いいえ，2人の子どもがいることもあって，家族のそばにいたいからです。
ジャーナリスト：2人の子ども？でも，あなたはとても若く見えます！年齢をきいてもいいですか？
クローディア：ええ，もちろん！秘密ではあ

りませんから。
ジャーナリスト：それで，何歳ですか？
クローディア：42歳です。
ジャーナリスト：今晩フェスティバルの審査員から優勝映画名が発表されます。恐いですか？どんな気分ですか？
クローディア：恐い？なぜ？もちろんそんなことはありません！少し神経質になっていますが，それは当然のことだと思います。
ジャーナリスト：カルマンさん，質問への回答どうもありがとうございました。

(1) クローディアはフランスにだけ友人がいますか？
　—いいえ，**外国**にも友人はいます。
(2) クローディアは全部で何本の映画を撮りましたか？
　—**28本**の映画と17本のスポット**広告**に出演しました。
(3) なぜクローディアはあまり旅行しないのですか？
　—というのは，2人の子どもがいて，家族の**そば**にいたいからです。
(4) クローディアは何歳ですか？
　—**42歳**です。
(5) いつフェスティバルの審査員は優勝映画名を発表しますか？
　—**今晩**です。
(6) 結果発表を待っているとき，クローディアはどんな気分ですか？
　—少し**神経質**になっていますが，彼女はそれが**当然のこと**だと思っています。

24 **EXERCICE 10**
(1) (arroser)　(2) (importe)
(3) (salades)　(4) (mois)
(5) (encouragé) (conseils)
(6) (bricolage)　(7) (dirigera)

（読まれるテキスト）

La journaliste : Comment fonctionne ton robot ?
Patrick : C'est un robot jardinier capable d'arroser les plants. Il se commande avec une application de téléphone portable. On peut contrôler le robot de n'importe où avec son téléphone : que l'on soit au bureau, à la maison ou en vacances.
La journaliste : Tu as déjà testé ton robot ?
Patrick : Oui, mon prototype fonctionne. Mais l'application est en cours de développement. Et j'ai déjà récolté quelques salades.
La journaliste : Comment as-tu eu cette idée ?
Patrick : Au départ, c'était une solution pour ne plus avoir à arroser le jardin le matin ! Mais ce robot ne fait pas que ça. On peut par exemple choisir les plants à arroser en fonction des besoins. J'ai mis six mois pour construire ce robot. Mon père m'a beaucoup encouragé et il m'a donné des conseils.
La journaliste : Est-ce ta première invention ?
Patrick : Oui, c'est la première invention qui est aboutie. À la maison, j'ai un atelier. Quand j'étais petit, je faisais beaucoup de bricolage. En 5e, j'ai monté un club d'informatique au collège et, l'an dernier, un club de robotique.
La journaliste : Que veux-tu faire plus tard ?
Patrick : Je ne sais pas. Je me dirigerai sans doute vers des études d'ingénierie, dans la robotique.

（読まれる質問）
(1) Qu'est-ce que le robot que Patrick a inventé peut faire ?
　—Il peut (arroser) les plants.
(2) Comment est-ce qu'on peut contrôler le robot ?
　—On peut le contrôler de n'(importe) où avec son téléphone.
(3) Est-ce que Patrick a déjà utilisé ce robot ?
　—Oui, et il a déjà récolté quelques (salades).
(4) Combien de temps Patrick a-t-il mis pour construire ce robot ?

(5) Qui est-ce qui a aidé Patrick à construire ce robot ?
　　—C'est son père qui l'a beaucoup (encouragé) et lui a donné des (conseils).
　(6) Qu'est-ce que Patrick faisait dans son atelier, quand il était petit ?
　　—Il faisait beaucoup de (bricolage).
　(7) Qu'est-ce qu'il veut faire plus tard ?
　　—Il ne sait pas, mais il se (dirigera) sans doute vers des études d'ingénierie, dans la robotique.

ジャーナリスト：君のロボットにはどんな機能があるのですか？
パトリック：これは植物に撒水できる庭師ロボットです。携帯電話のアプリから命令を受けます。携帯があればどこからでもロボットをコントロールできます。たとえ，会社にいようと，家にいようと，ヴァカンス中だろうと。
ジャーナリスト：もうロボットのテストはしましたか？
パトリック：はい，私の試作品は機能します。しかし，アプリのほうが開発段階にあります。で，私はすでに数株のサラダ菜を収穫しました。
ジャーナリスト：このアイデアはどのようにして思いついたのですか？
パトリック：最初は，もう毎朝，庭に散水しないですますための解決策でした！しかしこのロボットはたんに散水だけするのではありません。たとえば，必要に応じて散水しなければならない植物を選ぶことができます。このロボットの製造には6ヶ月を要しました。父は私をおおいに励まし，アドバイスもしてくれました。
ジャーナリスト：これは君の初めての発明ですか？
パトリック：はい，成功した初めての発明です。家には仕事場があります。幼いころ私はしょっちゅう日曜大工をしていました。第5学年のときに私は中学で情報工学クラブと，昨年はロボット工学クラブを設立しました。
ジャーナリスト：将来なにをしたいですか？
パトリック：わかりません。たぶん，工学のほうへ，ロボット工学のほうへ進むでしょう。

(1) パトリックが発明したロボットはなにをすることができますか？
　　―植物に**撒水**できます。
(2) ロボットはどのようにしてコントロールすることができますか？
　　―携帯があればどこ**から**でもロボットをコントロールできます。
(3) パトリックはすでにこのロボットを使ったことがあるのですか？
　　―はい，すでに数株の**サラダ菜**を収穫しました。
(4) パトリックはこのロボットを製造するのにどれくらいの時間を要しましたか？
　　―6ヶ**月**です。
(5) パトリックがこのロボットを製造するのを助けたのはだれですか？
　　―彼をおおいに**励まし**，**アドバイス**をしてくれたのは父親です。
(6) 幼いころパトリックは仕事場でなにをしていましたか？
　　―彼はしょっちゅう**日曜大工**をしていました。
(7) 彼は将来なにをしたいのですか？
　　―彼にはわかりませんが，たぶん，工学のほうへ，ロボット工学のほうへ**進むでしょう**。

2　内容一致問題

EXERCICE 1

(1) ①　(2) ②　(3) ②　(4) ①　(5) ①
(6) ②　(7) ①　(8) ①　(9) ②　(10) ②

（読まれるテキスト）

　Ma mère raconte que, toute petite, alors que je savais à peine marcher, j'avais le bon geste pour goûter la sauce. Il doit y avoir une part innée ! Mais c'est en effet le milieu dans lequel j'ai grandi, le restaurant de mon père : les paysans, les pêcheurs, les chasseurs amenaient leur marchandise tous les jours dans la cuisine. Enfin, j'ai baigné dans ce monde-là. J'ai commencé à cuisiner très tôt, vers cinq ou six ans.

　Au milieu des années 80, une femme n'avait pas sa place en cuisine. C'était clair, net, définitif. Dans la tête de mon père, c'était mon frère qui allait être cuisinier, reprendre l'affaire familiale. Pas moi. La cuisine n'était pas alors une voie d'avenir. On n'y entrait pas par passion, mais parce qu'on était en échec à l'école. Donc on ne se lançait pas dans la cuisine si on était bon élève, ce qui était mon cas.

J'ai souvent rencontré des cuisinières qui étaient très douées, qui pouvaient même aller très loin. Mais elles ont préféré, à un moment donné, fonder une famille. Et j'aurais peut-être suivi le même chemin si, à trente ans, j'étais tombée amoureuse. Je suis une maman célibataire. Je travaille de huit heures le matin à minuit le soir. Je vous avoue qu'entre mon métier et mon rôle de maman, il n'y a plus beaucoup de place pour moi, pour ma vie de femme.

(読まれる内容について述べた文)
(1) D'après la mère de Chantal, elle avait un don de cuisinière.
(2) Les paysans, les pêcheurs et les chasseurs venaient souvent manger dans le restaurant du père de Chantal.
(3) Chantal a commencé à cuisinier vers neuf ou dix ans.
(4) Au milieu des années 80, il était impossible que les femmes deviennent cuisinières.
(5) Le père de Chantal pensait que son frère reprendrait le restaurant.
(6) À cette époque, la plupart des bons élèves se lançaient dans la cuisine.
(7) Chantal a souvent rencontré des cuisinières qui avaient de l'avenir devant elles.
(8) Le mariage a été pour les cuisinières l'occasion d'abandonner leur carrière de cuisine.
(9) Chantal n'a pas de mari, ni d'enfants.
(10) Chantal travaille de sept heures le matin à minuit le soir.

私の母は話してくれます。私はごく幼いころ，なかなか歩くことができなかったのに，ソースを味見する格好はできていたと。生まれつきの部分があるにちがいありません！しかし，じっさい父親のレストランが私が育った環境でした。農夫や漁師や猟師が毎日調理場に彼らの商品をもってくるような環境でした。要するに私はこうした世界にどっぷり浸かっていたのです。私が料理を始めたのはとても早くて，5歳か6歳ごろでした。

80年代半ばには，女性には調理場に居場所はありませんでした。それは明確，明瞭で，決定的なことでした。父の頭のなかには，将来調理師になって，家業を継ぐのは私の兄[弟]だろうという思いがあったのです。私ではなかったのです。当時料理は将来性のある進路ではありませんでした。その道に入るのは，熱意からではなくて，学校で挫折したからでした。だから優秀な生徒―私の場合がそうなのですが―なら，料理の世界に身を投じたりはしなかったのです。

私はよく，とても才能に恵まれていて，大きく飛躍できそうでさえある女性コックに出会いました。しかし彼女たちはあるとき家庭を築くほうを選ぶのでした。もし私が30歳で恋に落ちていたら，おそらく同じ道をたどったでしょう。私は未婚のママです。朝は8時から夜は0時まで働きます。うち明けて言えば，仕事と母親の役割のあいだには，私にとって，女としての私の人生にとって，もはやそれほどの余地はないのです。

(1) シャンタルの母親によると，彼女にはコックの才能があった。
(2) シャンタルの父親のレストランには，農夫や漁師や猟師がよく食事をしに来ていた。
(3) シャンタルが料理を始めたのは，9歳か10歳ごろだった。
(4) 80年代半ばには，女性がコックになることは不可能だった。
(5) シャンタルの父親は，彼女の兄[弟]がレストランを継ぐだろうと考えていた。
(6) その当時，優秀な生徒の大半は料理の世界に身を投じていた。
(7) シャンタルはよく将来性のある女性コックに出会った。
(8) 結婚は女性コックにとって料理の道を断念するきっかけになった。
(9) シャンタルには夫も子どももいない。
(10) シャンタルは朝は7時から夜は0時まで働いている。

EXERCICE 2
(1) ② (2) ② (3) ② (4) ② (5) ②
(6) ① (7) ① (8) ② (9) ② (10) ①

(読まれるテキスト)

Je suis arrivé à l'adresse et j'ai klaxonné. Après avoir attendu quelques minutes, j'ai klaxonné à nouveau. Comme il s'agissait de ma dernière course de la journée, je pensais partir, mais finalement, je me suis garé et puis je me suis dirigé vers la porte et j'ai frappé. Après une longue pause, la porte s'est ouverte. Une petite femme, âgée de 90 ans tout au moins, se tenait devant moi. Elle ressemblait à un personnage de film des années 40.

Elle a pris mon bras et nous avons marché lentement vers le bord du trottoir. Quand nous sommes arrivés dans la voiture, elle m'a donné une adresse, puis a demandé : «Pouvez-vous passer par le centre-ville ?». Pendant les deux heures qui ont suivi, nous avons roulé à travers la ville. Elle m'a montré le bâtiment où elle avait travaillé comme opératrice d'ascenseur. Nous avons traversé le quartier où elle et son mari avaient vécu quand ils étaient jeunes mariés. Elle m'a fait arrêter devant un magasin de meubles qui était à l'époque une salle de bal où elle était allée danser lorsqu'elle était jeune fille.

Lorsque le soleil a commencé à rejoindre l'horizon, elle a dit soudain : «Je suis fatiguée, j'aimerais que nous y allions maintenant». Nous avons roulé en silence à l'adresse qu'elle m'avait donnée. C'était un petit édifice. Deux infirmiers sont sortis et se sont dirigés vers le taxi.

(読まれる内容について述べた文)

(1) La cliente de Jean l'attendait à la porte quand il est arrivé à l'adresse.
(2) La cliente de Jean était une vieille dame d'une bonne quatre-vingtaine d'années.
(3) La cliente de Jean était une actrice qui avait joué dans un film des années 40.
(4) La cliente de Jean a marché toute seule jusqu'au taxi.
(5) La cliente de Jean lui a demandé de prendre le plus court chemin.
(6) Jean a mis deux heures pour traverser la ville.
(7) On avait transformé une salle de bal d'autrefois en magasin de meubles.
(8) La cliente de Jean lui a dit qu'elle était fatiguée après le coucher du soleil.
(9) Jean a conduit sa cliente à l'adresse qu'elle lui avait donnée en bavardant avec elle.
(10) C'étaient deux infirmiers qui ont accueilli la cliente de Jean.

私は指定の住所に着き，クラクションを鳴らしました。数分待ってから，私はもう一度クラクションを鳴らしました。これはその日最後の走行でしたので，帰ろうかとも考えました。しかし結局私は車を駐めてからドアのほうへ向かいました。そしてノックしました。長い間があってドアが開きました。少なくとも90歳にはなろうかという小柄な女性が私のまえに立っていました。彼女は40年代の映画の登場人物のようでした。

彼女は私の腕をとり，私たちはゆっくり歩道の縁のほうへ歩きました。車のところに着くと，彼女は私に行き先の住所を教え，「中心街を通ってくれますか？」と頼みました。そのあと2時間，私たちは町を横切って走りました。彼女はエレベーターガールとして働いていた建物を教えてくれました。私たちは彼女とご主人が新婚当時暮らしていた区域を横切りました。彼女はある家具店のまえで車を停車させました。当時そこは娘時代の彼女が踊りに行っていたダンスホールだったのです。

太陽が地平線と交わり始めたとき，彼女は突然言いました。「疲れたわ。そろそろ目的地へ行ってもらいたいのですが」私たちは黙ったまま彼女が教えてくれていた住所へ車を走らせました。そこは小さな建物でした。2人の看護師が出てきて，タクシーのほうへ向かってきました。

(1) ジャンの客は彼が指定の住所に着いたとき玄関で彼を待っていた。
(2) ジャンの客はじゅうぶん80歳ほどにはな

(3) ジャンの客は40年代の映画に出演したことのある女優だった。
(4) ジャンの客はタクシーのところまで1人で歩いてきた。
(5) ジャンの客は彼に最短の道を行くように頼んだ。
(6) ジャンは街を横切るのに2時間を要した。
(7) 昔のダンスホールは家具店に変わっていた。
(8) ジャンの客は日が沈んだあとで疲れたと彼に言った。
(9) ジャンは客とおしゃべりをしながら,教えられていた住所に彼女を送りとどけた。
(10) ジャンの客を迎えに出てきたのは2人の看護師だった。

EXERCICE 3

(1) ② (2) ② (3) ① (4) ① (5) ②
(6) ① (7) ② (8) ① (9) ② (10) ②

（読まれるテキスト）

　Vivre à la campagne est une des meilleures décisions que j'ai pu prendre jusqu'à aujourd'hui. Je ne pourrais jamais revenir habiter en ville. Le ciel tout bleu, la nature, du vert, des champs à perte de vue, les oiseaux... Tant de choses auxquelles je ne serais pas capable de renoncer maintenant, je les ai goutées ici. J'ai personnellement toujours vécu en ville depuis ma naissance. Daniel, mon amoureux, est un habitué de la campagne qu'il côtoie depuis tout petit dans la ferme de ses parents. Lorsque nous nous sommes rencontrés il y a plus de cinq ans, je me revois encore lui dire : « Si un jour on vit ensemble, on prendra un appartement en ville, hors de question que je me retire à la campagne ». Je n'avais pas la maturité nécessaire pour apprécier toutes les choses qu'une vie à la campagne peut offrir à chacun. Quoiqu'il en soit, mon opinion est aujourd'hui radicalement différente. Lorsqu'on a pris la décision commune de quitter la ville, Daniel et moi-même n'avons même pas cherché à peser le pour et le contre. Tant de positif nous tendait les bras que les petits inconvénients soulevés par certaines personnes de notre entourage n'avaient que peu d'importance à nos yeux. En réalité, je crois que notre besoin de vie au grand air était si intense que nous ne faisions que nous aveugler sur leurs conseils.

（読まれる内容について述べた文）
(1) Delphine regrette d'avoir décidé de quitter la ville.
(2) Delphine en a assez de vivre en pleine nature.
(3) Delphine est citadine de naissance.
(4) Delphine a un amoureux dont les parents possèdent une ferme.
(5) Ça fait plus de cinq mois que Delphine a rencontré Daniel.
(6) Delphine n'avait pas l'intention de s'installer à la campagne, quand elle a commencé à fréquenter Daniel.
(7) Delphine ne peut pas encore comprendre les avantages d'une vie à la campagne.
(8) Delphine et Daniel étaient tout à fait d'accord pour quitter la ville.
(9) Tous les amis de Delphine et Daniel leur ont conseillé d'aller s'installer à la campagne.
(10) Delphine et Daniel ont écouté tout leur entourage malgré eux.

　田舎暮らしはこれまでに私にできた最良の決心の1つです。私はけして都会に帰って住むことはできないでしょう。真っ青な空,自然,緑,見渡す限りの野原,鳥たち…。今では捨てがたい多くのもの,私はそれらをここで味わいました。私は個人的には生まれてからずっと都会で暮らしてきました。恋人のダニエルは根っからの田舎育ちで,ごく幼いころから両親の農場で野原に接していました。5年以上まえに私たちが出会ったとき,彼に次のように言っている自分の姿が今も目にうかびます。「いつかいっしょに暮らすようになるとしたら,都会のアパルトマンにしまし

ょう。私が田舎に引っ込むなんて論外ですからね。」田舎暮らしがだれにでも提供しうるあらゆる面の良さがわかるのに必要な成熟度に私は達していなかったのです。ともあれ今日では私の意見はまったく異なります。都会を離れようと 2 人で決めたとき，ダニエルと私は長短を秤にかけてみようとさえしませんでした。あまりにも多くのプラス面が私たちに歓迎の手をさしのべてくるので，周囲の人たちのなかの何人かが指摘する細々した支障など私たちから見たらほんのわずかな重要性さえなかったのです。実際は，大自然のもとで暮らしたいという欲求があまりにも強烈だったので，彼らの忠告に目をふさいでいただけなのだと思います。

(1) デルフィーヌは都会を離れる決心をしたことを後悔している。
(2) デルフィーヌは田園生活をすることにうんざりしている。
(3) デルフィーヌは生まれながらの都会人である。
(4) デルフィーヌには両親が農場を所有している恋人がいる。
(5) デルフィーヌがダニエルと出会って 5 ヶ月以上になる。
(6) デルフィーヌは，ダニエルとつきあい始めたころ，田舎に移住するつもりはなかった。
(7) デルフィーヌには田舎暮らしの利点がまだ理解できない。
(8) デルフィーヌとダニエルは都会を離れるという点で完全に意見が一致していた。
(9) デルフィーヌとダニエルのすべての友人たちが田舎へ移住することをすすめた。
(10) デルフィーヌとダニエルは不本意ながら周囲の人たち全員の意見に耳を傾けた。

EXERCICE 4

(1) ② (2) ② (3) ① (4) ② (5) ①
(6) ② (7) ② (8) ① (9) ② (10) ①

（読まれるテキスト）

Au collège, j'ai fait un stage d'une semaine dans une boulangerie «par curiosité». Après être sorti du collège, j'ai choisi l'apprentissage. Aujourd'hui, je travaille trois semaines par mois en boulangerie pour une semaine de cours. Mis dans les conditions réelles du travail, je suis en entreprise 35 heures par semaine pour 500 euros de salaire.

Mon travail commence à six heures du matin. Donc je dois y être avant cette heure-là. Je reste debout sept heures par jour et il faut faire plusieurs choses à la fois sans oublier le pain dans le four. Le savoir-faire s'apprend petit à petit. Le pain, c'est un produit vivant, il faut attendre le bon moment avant de passer à l'étape suivante de la préparation. Par exemple, je ne savais pas qu'avant de le cuire, il fallait ajouter de la vapeur d'eau dans le four pour qu'il ait un aspect brillant. Aujourd'hui, pétrir la pâte, la diviser, la façonner, ça commence à devenir la routine. Je pourrais presque remplacer l'ouvrier. Je voudrais ouvrir ma propre boulangerie-pâtisserie.

（読まれる内容について述べた文）

(1) C'est par passion que Pierre a fait un stage dans une boulangerie.
(2) Pierre travaille une semaine par mois en boulangerie pour trois semaines de cours.
(3) Pierre gagne 500 euros par semaine.
(4) Pierre doit arriver à son travail à six heures.
(5) Pierre se charge de cuire du pain au four.
(6) On apprend le savoir-faire pour préparer du pain en peu de temps.
(7) D'après Pierre, il faut ajouter de la vapeur d'eau dans le four aussitôt que le pain a été cuit.
(8) C'est pour donner un aspect brillant au pain que l'on ajoute de la vapeur d'eau dans le four.
(9) Pierre n'est pas du tout sûr d'être aussi habile que l'ouvrier.
(10) Pierre voudrait s'établir comme boulanger-pâtissier.

中学時代，「好奇心から」私はパン屋で 1 週間の実習をしたことがあります。中学卒業

後，私はパン屋の見習いになることを選びました。今日，月に3週間パン屋で働き，1週間は授業に出ています。現実の労働条件のなかでは，私は500ユーロの給料のために1週間に35時間会社にいることになります。

　仕事は朝の6時に始まります。したがってその時間よりまえに着いていなければなりません。1日に7時間は立ちっぱなしです。オーブンのなかのパンを忘れないで，いろいろなことを同時にしなければなりません。ノーハウは少しずつ覚えていきます。パンは生きている製品です。次の段階の下ごしらえへ移るまでに，いいタイミングを待つ必要があります。たとえば，焼くまえに，パンの表面に照りをもたせるためにオーブンに水蒸気を加えなければならないことを私は知りませんでした。今では生地をこねて，分けて，加工するというのはルーチンになり始めています。職人の代わりを務めることもだいたいできるでしょう。私は自分のパン・ケーキ店を開店したいのですが。

(1) ピエールがパン屋で実習をしたのは熱意からだ。
(2) ピエールは月に1週間パン屋で働き，3週間授業に出る。
(3) ピエールは週に500ユーロ稼ぐ。
(4) ピエールは6時に職場に到着しなければならない。
(5) ピエールはオーブンのパン焼きを担当している。
(6) 人々はほとんど時間をかけずにパンを作るノーハウを学ぶ。
(7) ピエールによると，パンが焼けたらすぐにオーブンに水蒸気を加えなければならない。
(8) オーブンのなかに水蒸気を加えるのは，パンの表面に照りをもたせるためである。
(9) ピエールは自分に職人と同じ技量があるという自信がまったくない。
(10) ピエールはパン・ケーキ店主として独立したいのだが。

EXERCICE 5

(1) ②　(2) ①　(3) ②　(4) ①　(5) ①
(6) ②　(7) ②　(8) ①　(9) ②　(10) ②

（読まれるテキスト）

　Je me souviens très bien de mon grand-père. C'était un homme déjà très âgé qui était rond, qui avait une rondeur physique, qui avait une rondeur mentale, qui était toujours doux, toujours constant dans sa manière de marcher à petits pas, sa ma-nière de parler. Il était souvent à côté de sa table de nuit et prenait sa soupe le soir toujours à la même heure. Cette constance était rassurante pour la petite fille que j'étais. Il était particulièrement patient, je crois, et ça s'inscrivait dans un caractère doux peut-être lié à l'âge. Voilà l'image que j'ai de mon grand-père qui restera toujours dans ma tête un grand-père d'une douceur extrême.

　Alors que le souvenir de ma grand-mère est beaucoup plus lointain. Elle avait toujours les cheveux teints en violet. Elle avait un vieux sac en cuir qu'elle ouvrait de manière un peu magique laissant découvrir des bonbons au fond de son sac. Et elle avait tendance à me proposer les bonbons au moment où j'étais dé-couragée. Elle avait un regard rieur. Je pense qu'elle devait être rieuse et un peu ironique surtout quand elle était avec mon grand-père qui était d'une grande tranquillité. Voilà une image floue de ma grand-mère.

（読まれる内容について述べた文）

(1) Le grand-père de Corinne était très grand et très mince.
(2) Le grand-père de Corinne marchait toujours à petits pas.
(3) Le grand-père de Corinne changeait sa manière de parler selon les circonstances.
(4) Le grand-père de Corinne avait l'habitude de manger de la soupe le soir à la même heure.
(5) Le grand-père de Corinne était à la fois patient et doux.
(6) Le souvenir que Corinne a de sa grand-mère est aussi vague que celui de son grand-père.
(7) La grand-mère de Corinne avait de beaux cheveux blancs.
(8) La grand-mère de Corinne avait un vieux sac en cuir dans lequel il

y avait des bonbons.
(9) La grand-mère de Corinne lui donnait des bonbons quand elle était sage.
(10) La grand-mère de Corinne ne lui paraissait aimable qu'avec son grand-père.

私は祖父のことをとてもよく覚えています。すでにとても老齢の人でした。丸い感じの，心身ともに丸い感じの人でした。いつも温和で，小股の歩き方も，話し方もつねに変わることがありませんでした。よく，ナイトテーブルの隣にいて，夜はいつも同じ時間にスープを飲んでいました。このような不変性には当時幼い女の子だった私を安心させてくれるものがありました。彼はとくに辛抱強かったのだと思います。それはおそらく年齢と関係する温和な性格のなかに刻み込まれていました。これが，私が祖父に関してもっているイメージです。彼は私のなかではずっときわめて温和な祖父のままであり続けるでしょう。

ところが祖母の思い出ははるかにぼんやりしています。彼女はいつも髪を紫色に染めていました。革製の古びたバッグをもっていて，バッグの底にあるキャンデーを見つけさせる手品じみた仕方でこれを開けるのでした。そして彼女は私が気落ちしているときにキャンデーをすすめる傾向がありました。彼女はにこやかな目つきをしていました。とくにひじょうに落ち着いている祖父といっしょにいるときなど，にこやかで少し皮肉っぽくしていなければならなかったのだと思います。これが私の祖母についてのぼんやりしたイメージです。

(1) コリーヌの祖父はとても長身でやせていた。
(2) コリーヌの祖父はいつも小股で歩いていた。
(3) コリーヌの祖父は状況に応じて話し方を変えていた。
(4) コリーヌの祖父は夜の同じ時間にスープを飲む習慣があった。
(5) コリーヌの祖父は辛抱強いばかりではなく，温和でもあった。
(6) コリーヌがもっている祖母の思い出は，祖父の思い出と同じくらい漠然としている。
(7) コリーヌの祖母は美しい白髪だった。
(8) コリーヌの祖母は，なかにキャンデーが入っている革製の古びたバッグをもっていた。
(9) コリーヌの祖母は，彼女がお利口にしているときキャンデーをくれた。
(10) コリーヌの祖母は，彼女には祖父にだけ愛想がいいように思われた。

27 **EXERCICE 6**

(1) ② (2) ② (3) ① (4) ② (5) ②
(6) ② (7) ① (8) ① (9) ① (10) ②

(読まれるテキスト)

Quand j'étais petit, je n'aimais pas lire. Pourtant, je suis devenu écrivain. J'ai déjà écrit 16 livres. Pour réaliser un livre, il y a d'abord un auteur. C'est lui qui imagine et écrit l'histoire. Je ne sais pas à l'avance ce que je vais écrire. Je sais de quoi je veux parler, mais je dois réfléchir un peu pour avoir le point de départ de l'histoire. Je rassemble les ingrédients. Puis, je dois savoir où je vais. Le problème, ce n'est pas de commencer un livre, mais de le terminer ! J'écris dans le calme, et j'ai des horaires de travail précis : de 9h à midi, et de 14 à 16 h. Mais je suis tout le temps attentif à une idée qui vient. Les idées viennent comme des cadeaux. Elles peuvent surgir à tout moment, dans la rue, dans un magasin. Et quand je termine d'écrire une histoire, ce n'est pas tout de suite bon. Mon premier texte est très mauvais ! C'est un brouillon. Mais ça me permet de savoir où je vais, le nombre de pages qu'il faut. Ensuite, je mets mon travail de côté pendant deux semaines. Après, je le relis avec des yeux neufs, comme si je découvrais l'histoire. C'est comme ça que je vois ce qui ne va pas. Et je retravaille mon texte. Je refais ça deux ou trois fois, jusqu'à ce que l'histoire soit bonne. Ensuite, j'envoie mon manuscrit à des éditeurs en espérant que l'un d'eux acceptera de publier mon histoire.

(読まれる内容について述べた文)

(1) Victor aimait la lecture dans son enfance.

(2) Victor a déjà publié 18 livres.
(3) Victor sait de quoi il veut parler avant d'écrire un livre.
(4) Victor rassemble les ingrédients en écrivant un livre.
(5) Victor écrit très souvent dans un café.
(6) Victor ne travaille que dans la matinée.
(7) Victor est toujours attentif aux idées qui peuvent surgir à tout moment.
(8) Victor arrête d'écrire pendant deux semaines après avoir fini un brouillon.
(9) Victor peut trouver ce qui ne va pas en relisant son premier texte.
(10) Victor refait son texte cinq fois au minimum avant de l'envoyer à des éditeurs.

　子どものころ私は読書が好きではありませんでした。にもかかわらず作家になりました。すでに16冊もの本を書きました。本を作るには，まず作家がいなければなりません。ストーリーを想像し，書くのは彼です。なにを書くことになるのか，自分でも前もってはわかりません。なにを言いたいのかはわかっていますが，ストーリーの出発点を決めるために少し考えなければなりません。私は材料を集めます。次に自分がどこへ行くのかを知らなければなりません。問題は本をどう書き始めるかではなくて，どう締めくくるかです！私は静かなところで書きます。仕事の時間割も正確に決まっています。9時から正午までと14時から16時までです。しかし私はつねに，いつ何時浮かんでくるかもしれない着想に注意しています。着想はプレゼントのようにやってきます。それはいつでも，通りでも店にいても浮かんでくることがあります。そしてあるストーリーを書き終えたとき，それはただちにいい出来というわけではありません。私の最初の原稿はとても出来が悪いです！それは草稿にすぎません。ただし，それによって自分がどこへ行こうとしているのかを，また必要なページ数も知ることができます。それから2週間，仕事をわきによけておきます。その後，ストーリーを発見するかのように新たな目で原稿を再読します。なにがうまくないのか見えるのはそのようにしてです。そして私は原稿を修正します。私はストーリーがよくなるまで，2，3回はそういうことをくり返します。そのあと，出版者たちのなかの1人でも私のストーリーの出版を受諾してくれることを期待しながら，原稿を彼らに送ります。

(1) ヴィクトールは少年時代，読書が好きだった。
(2) ヴィクトールはすでに18冊の本を出版している。
(3) ヴィクトールは本を書くまえから自分がなにを言いたいのかわかっている。
(4) ヴィクトールは本を書きながら材料を集める。
(5) ヴィクトールはしょっちゅうカフェで執筆する。
(6) ヴィクトールは午前中しか仕事をしない。
(7) ヴィクトールはつねに，いつ何時浮かんでくるかもしれない着想に注意している。
(8) ヴィクトールは草稿を書き終えたあと2週間執筆を中断する。
(9) ヴィクトールは最初の原稿を再読することによって，なにがうまくないか見つけることができる。
(10) ヴィクトールは原稿を出版者たちへ送るまえに，最低でも5回原稿を修正する。

28 **EXERCICE 7**

(1) ① (2) ② (3) ② (4) ① (5) ①
(6) ② (7) ① (8) ① (9) ② (10) ②

（読まれるテキスト）

　Je suis un vrai Parisien. J'aime beaucoup voyager.

　Il faut dire qu'en revenant de mon tour du monde, qui a duré près de 15 mois, j'ai réalisé à quel point je ne connaissais pas mon propre pays. J'avais l'habitude de m'échapper en Europe dès que j'avais un peu de temps, et pour être tout à fait franc, je ne voyais pas vraiment l'intérêt de passer des vacances en France. Si près de ma propre culture, si près géographiquement de chez moi. Comme si découvrir un nouveau lieu dans mon propre pays n'était qu'une découverte de seconde zone.

　J'ai fait longtemps partie de ceux qui pensent qu'un voyage dans leur propre pays n'est pas vraiment un voyage. J'ai souvent voyagé à l'autre bout du monde, afin de découvrir des paysages sauvages, afin de me sentir séparé de mon quotidien. Et je n'avais même pas imaginé que je pouvais profiter de ce type de paysages en France. Aujourd'hui, je ne dirais pas que les choses ont complètement changé, car j'ai toujours très envie de découvrir de nouvelles cultures et de sentir que je m'éloigne physiquement de mon pays. Mais je me rends compte que j'ai passé des années à vivre dans mon pays sans même essayer de le connaître, de l'explorer. Et nous sommes extrêmement nombreux dans ce cas.

(読まれる内容について述べた文)
(1) François est né à Paris et y a grandi.
(2) François a mis à peu près 15 mois à faire le tour de l'Europe.
(3) François est sûr de connaître bien la France.
(4) François partait voyager en Europe quand il était libre.
(5) François n'a pas estimé préférable de passer des vacances dans son propre pays.
(6) François pense depuis longtemps qu'on peut découvrir un nouveau lieu sans partir loin.
(7) François voulait se sentir déconnecté de sa vie quotidienne en voyageant très loin.
(8) François ne croyait pas qu'on puisse découvrir des paysages sauvages en France.
(9) François renonce depuis peu à faire un voyage à l'étranger.
(10) François est resté dans son pays pendant plusieurs années pour le connaître.

　私は生粋のパリジャンです。旅行が大好きです。
　15ヶ月近く続いた世界一周の旅から帰ってきて，どれほど自国のことを知らないかを自分でも痛感したと言わなければなりません。私は少しでも時間ができるとすぐにヨーロッパへ脱出する習慣がありました。そして完全に開放的な気分になるために，フランスでヴァカンスを過ごすことの利点がほんとうにはわかっていなかったのです。私自身の文化からこれほど近いところで，地理的にも私の家からこれほど近くで過ごすことの利点が。あたかも，自国で新しい場所を発見することは二流の発見でしかないようです。
　私は長らく，自国を旅するのはほんとうの旅ではないと考える人たちにくみしていました。私は，人跡未踏の風景を見つけるために，また日常性から切り離された気分を味わうために，よく世界の果てへと旅していました。私はフランス国内でこうした風景を楽しむことができるとは想像だにしていませんでした。今日，状況は完全に変わったと言うつもりはありません。というのは，私はあいかわらず新しい文化を発見したい，また自国から物理的に遠く離れているという感覚を味わいたいという強い願望をもっているからです。しかし，自国を知ろうともしないで，探索しようともしないで，そこで何年ものあいだ暮らしてきたことに気づいています。そして，私たちのきわめて多くがそうなのです。

(1) フランソワはパリで生まれて，パリで育った。
(2) フランソワはヨーロッパ一周するのに約15ヶ月かかった。
(3) フランソワはフランスに精通しているという自信がある。
(4) フランソワは暇なときはヨーロッパ旅行に出かけていた。
(5) フランソワは自国でヴァカンスを過ごすことを好ましいとは思っていなかった。
(6) フランソワはずっとまえから，遠くへ出かけなくとも新しい場所は発見できると思っている。
(7) フランソワはとても遠くへ旅することによって，日常生活から切り離されているという感覚を味わいたかった。
(8) フランソワはフランス国内で人跡未踏の風景を見つけられるとは思っていなかった。
(9) フランソワは少しまえから海外旅行をあきらめている。
(10) フランソワは自国のことを知るために何年ものあいだそこにとどまった。

EXERCICE 8

(1) ① (2) ② (3) ② (4) ① (5) ②
(6) ② (7) ① (8) ② (9) ① (10) ②

(読まれるテキスト)

　Je m'appelle Lili. J'ai dix-sept ans. Cet été, j'ai voulu progresser en anglais et j'ai décidé de passer 15 jours dans une famille anglaise, à Hastings, dans le sud de l'Angleterre. Cette famille accueillait déjà une autre fille française et deux autres filles allemandes.

En fait, je suis un peu déçue de l'accueil que nous avons reçu. La famille n'était pas très sympa. Elle était composée d'une dame et de sa fille de 8 ans. Les parents de la dame venaient souvent. Mais personne ne nous parlait beaucoup. Par exemple, nous ne prenions pas les repas avec eux, c'est dommage !

Côté nourriture, on dit qu'on ne mange pas très bien, en Angleterre. En effet, on ne mange que de la viande et il y a rarement des légumes verts ou de la salade.

Je me levais à 6 heures 30 du matin pour être en cours d'anglais à 8 heures. C'était dur pendant les vacances. Et là, nouvelle déception. Nous étions des groupes de 15 élèves. Mais le niveau de notre prof était trop élevé pour nous et nous ne la comprenions vraiment pas bien. Heureusement, des activités étaient organisées l'après-midi. J'ai adoré aller au bowling et à la patinoire ! Et je suis aussi allée au cinéma, ai visité la ville, etc.

Malgré tout, ce séjour ne m'a pas dégoûtée de l'Angleterre. C'est vrai que j'ai trouvé les Anglais un peu stressés, mais je sais qu'ils ne sont pas tous comme ça !

(読まれる内容について述べた文)

(1) Cet été, Lili a décidé de faire un séjour linguistique dans une famille anglaise.
(2) Lili a passé une semaine dans une famille anglaise.
(3) La famille où Lili a séjourné accueillait déjà trois autres filles allemandes.
(4) Lili n'a pas trouvé la famille où elle a séjourné très sympa.
(5) La famille où elle a séjourné a parlé familièrement avec ses hôtes payants.
(6) Lili a beaucoup aimé les plats anglais.
(7) Les cours d'anglais commençaient à huit heures tous les matins.
(8) Les cours d'anglais étaient faciles à comprendre pour Lili.
(9) Lili s'est bien amusée à des activités organisées l'après-midi.
(10) Le séjour linguistique l'a dégoûtée de l'Angleterre.

私はリリといいます。17歳です。今年の夏,英語が上達したかったので,英国南部のヘイスティングスにある英国家族のところで2週間を過ごすことにしました。この家族はすでに1人のフランス人の女の子とほかに2人のドイツ人の女の子を迎えいれていました。

じつは私は,私たちが受けたもてなしに少しがっかりしました。その家族はあまり感じがよくはありませんでした。家族は1人の婦人と8歳になる彼女の娘で構成されていました。婦人の両親がよく来ていました。しかし,私たちにたくさん話しかけてくれる人はだれもいませんでした。たとえば,残念ながら彼らといっしょに食事をしたこともありませんでした！

食べものの面では,英国ではあまりおいしい食事はしていないと言われます。というのも肉しか食べないし,緑の野菜やサラダはめったに出てこないのですから。

私は8時に始まる英語の授業にまにあうように朝の6時30分に起きていました。休暇中なのにつらかったです。そこで新たな落胆。私たちは15名の生徒のグループでした。しかし先生のレベルが私たちには高すぎました。私たちにはほんとうに,先生の言うことがよく理解できませんでした。幸い,午後はさまざまな活動が企画されていました。私はボーリング場やスケートリンクへ行くのが大好きでした！それと映画を見に行ったりもしましたし,街の見学にも行きました。

それでもなお,この滞在で英国に嫌気がさしたわけではありません。英国人を多少ストレスがたまると思ったことは事実ですが,彼らが全員そうだというわけではないこともわかっています！

(1) 今年の夏,リリは英国の家庭に語学滞在することにした。

(2) リリは英国の家庭で1週間を過ごした。
(3) リリが滞在した家族はすでに他に3名のドイツ人の女の子を迎えいれていた。
(4) リリは滞在した家族をあまり感じがいいとは思わなかった。
(5) リリが滞在した家族は下宿人とうちとけて話してくれた。
(6) リリは英国の料理がとても好きになった。
(7) 英語の授業は毎朝8時に始まっていた。
(8) 英語の授業はリリにはわかりやすかった。
(9) リリは午後に企画されていた諸活動をおおいに楽しんだ。
(10) 語学滞在は彼女を英国嫌いにした。

EXERCICE 9

(1) ① (2) ① (3) ① (4) ② (5) ①
(6) ② (7) ② (8) ① (9) ② (10) ①

（読まれるテキスト）

Berger de 7 ans et demi, Bipper n'est pas un chien comme les autres. C'est un chien de sauvetage. Il est dressé pour aider les pompiers à rechercher des personnes ensevelies sous des décombres, après un tremblement de terre ou l'effondrement d'un immeuble, mais aussi des personnes qui se sont égarées.

L'été dernier, Bipper a ainsi permis de retrouver trois enfants qui s'étaient perdus sur une plage. Tout simplement grâce à son flair ! Avant de partir, on fait sentir un vêtement ou un objet qui appartient à l'enfant et Bipper suit son odeur. Dès qu'il le retrouve, il s'assoit en face de lui et aboie pour signaler sa présence.

Pour mener à bien sa mission, Bipper suit un entraînement de sportif. 14 heures par semaine, c'est le minimum pour qu'il n'oublie pas ses réflexes. Les entraînements ont lieu dans des chantiers de construction. Toute l'année, été comme hiver. De jour et de nuit aussi. Des hommes, des femmes, des enfants, des personnes âgées jouent les «victimes». C'est que Bipper doit être formé pour intervenir dans n'importe quelle situation.

Pour Bipper, rechercher des personnes, c'est avant tout un jeu ! Comme l'explique son maître, «Pour lui, l'objectif, c'est d'obtenir sa récompense. Pas une caresse ou une sucrerie non, mais ... un boudin en tissu. C'est un jouet que je lui ai fait découvrir quand il était tout petit et dont il raffole !»

（読まれる内容について述べた文）

(1) Bipper est un berger de 7 ans et demi.
(2) Bipper est dressé pour aider les pompiers à localiser les victimes d'un tremblement de terre.
(3) Il arrive que Bipper recherche des personnes qui se sont égarées.
(4) L'été dernier, Bipper a sauvé un enfant qui se noyait dans la mer.
(5) Grâce à son flair, Bipper a pu retrouver trois enfants qui s'étaient perdus sur une plage.
(6) L'entraînement de Bipper a lieu 12 heures par semaine.
(7) Bipper ne peut pas intervenir la nuit.
(8) Pour Bipper, rechercher des personnes, c'est un jeu plutôt qu'une mission.
(9) D'après le maître de Bipper, sa récompense est une caresse ou une sucrerie.
(10) Le boudin en tissu est un jouet que son maître a fait découvrir à Bipper quand il était tout petit.

7歳半のシェパード，ビッパーはほかの犬とは違います。救助犬です。消防士たちを助けて，地震や建物の倒壊のあとでがれきの下に埋もれた人々ばかりではなく，行方不明になった人々の捜索にあたるように訓練されています。

そういうわけで，昨年の夏はビッパーのおかげで，海岸で行方不明になっていた3人の子どもを発見することができました。ごく単純にビッパーの嗅覚のおかげです！捜索に出るまえに，子どものものである衣服や品物の

においを犬に嗅がせます。ビッパーはにおいのあとをたどります。発見するとすぐに，ビッパーは捜索対象の正面に座り，その存在を知らせるために吠えるのです。

任務を首尾よくなしとげるために，ビッパーはスポーツトレーニングを受けています。週に14時間ですが，これは反射神経を忘れないために最低限やらなければならないことです。トレーニングは建築現場で行なわれます。一年中，冬も夏も，昼も夜も同じです。男性，女性，子ども，老人が「被害者」役をします。ビッパーはどういう状況でも出動できるように養成しなけれなならないからです。

ビッパーにとって，人間の捜索はなによりもまず遊びなのです！調教師は次のように説明します。「彼にとって，目的は褒美をもらうことなのです。愛撫や甘いものではなく，腸詰めのような形をした布製のおもちゃをもらうことが目的なのです。それはビッパーがごく幼いころ発見させていたおもちゃです。ビッパーはそれに夢中になります！」

(1) ビッパーは7歳半のシェパードだ。
(2) ビッパーは消防士たちが地震の犠牲者がどこにいるかを捜索する手助けができるように訓練されている。
(3) ビッパーは行方不明になった人々を捜索することもある。
(4) 昨年の夏，ビッパーは海で溺れている1人の子どもを救出した。
(5) 嗅覚のおかげで，ビッパーは海岸で行方不明になっていた3人の子どもを見つけることができた。
(6) ビッパーのトレーニングは週に12時間行なわれる。
(7) ビッパーは夜は出動できない。
(8) ビッパーにとって，人間の捜索は任務というより遊びだ。
(9) ビッパーの調教師によると，褒美は愛撫か甘いものである。
(10) 布製の腸詰めのような形をしたものは，ごく幼いころ調教師がビッパーに発見させていたおもちゃである。

EXERCICE 10

(1) ① (2) ① (3) ② (4) ① (5) ②
(6) ② (7) ② (8) ② (9) ① (10) ①

（読まれるテキスト）

Nous vivons près d'Annecy, en Haute-Savoie. Cet été, nous prêtons notre maison à une famille norvégienne pendant une semaine. Pendant ce temps, notre famille part à Oslo dans la maison de la famille norvégienne !

C'est grâce à un site internet que les familles qui veulent échanger leur maison entrent en contact. L'avantage d'échanger leur maison, c'est que ça fait faire des économies. Pas d'hôtel ou de camping à payer. Du coup, on voyage plus facilement dans d'autres pays.

Nous allons laisser un tas d'indications pour utiliser notre logement. Quant à notre fils, aucun souci pour laisser sa chambre à de parfaits inconnus ! Il a confiance en eux, car ils nous font confiance aussi et nous ouvrent leur maison. De toute façon, dans sa chambre, il y a surtout des livres. Et à part peut-être un en anglais, ils sont tous en français. Il n'est pas sûr que ça intéresse les Norvégiens !

La Norvège va être notre premier pays au Nord ! Nous imaginons un pays de neige et de glace … Bon, peut-être pas en plein été ! Mais on va se promener en forêt, faire du kayak et peut-être même voir des baleines !

（読まれる内容について述べた文）

(1) La famille à laquelle les Blier prêtent leur maison habite à Oslo, en Norvège.
(2) Cet été, les Blier vont passer huit jours à Oslo.
(3) Grâce à l'internet, les Blier ont pu entrer en contact avec une famille qui voulait acheter une maison.
(4) Si les familles échangent leur maison, elles pourront économiser les frais d'hôtel ou de camping.
(5) Les Blier ne vont laisser aucune indication pour utiliser leur logement.
(6) Le fils des Blier ne veut pas lais-

ser sa chambre à des inconnus.
(7) Dans la chambre du fils des Blier, il n'y a que des livres français.
(8) Les Norvégiens s'intéresseront certainement à des livres français.
(9) C'est la première fois que les Blier visitent le Nord comme la Norvège.
(10) Les Blier espèrent se promener en forêt, faire du kayak et voir des baleines.

　私たちはオート - サヴォワ県のアヌシーの近くで暮らしています。今年の夏，私たちは1週間ノルウェーのある家族に家を貸します。この間，私たちの家族はオスロにあるノルウェーのその家族の家へ行きます！

　インターネットサイトのおかげで，家を交換したい家族は連絡をとりあいます。家を交換するメリットは，そうすることで出費を切りつめられることです。ホテルも有料キャンプ場もいりません。そのために今までより簡単に他国へ旅行できます。

　私たちは住まいを使ってもらうための山ほどの指示を残すつもりです。息子は，自分の部屋を見ず知らずの人に貸すことについて何ら気にしていません！彼はノルウェーの一家を信頼しています。というのは，彼らも私たちを信頼して，私たちに家を開放するのですから。いずれにせよ，彼の部屋にはとりわけ本があります。そしてたぶん英語の本1冊をのぞくと，ほかは全部フランス語で書かれています。それがノルウェー人の関心をひくかどうかは不確かです！

　ノルウェーは私たちが初めて行く北の国になります！私たちは雪と氷の国を想像しています。さて，たぶん真夏は違うでしょう！しかし，私たちは森を散歩したり，カヤックに乗ったり，おそらくクジラ見学までするでしょう！

(1) ブリエ家が家を貸す家族は，ノルウェーのオスロに住んでいる。
(2) 今年の夏，ブリエ家は1週間をオスロで過ごすつもりだ。
(3) インターネットのおかげで，ブリエ家は家を買いたがっている家族と連絡をとることができた。
(4) もし家族が家を交換できれば，ホテルやキャンプ場の費用を節約できるだろう。
(5) ブリエ家は住まいを使うための指示を一切残さないつもりだ。
(6) ブリエ家の息子は見知らぬ人に自分の部屋を貸したくない。
(7) ブリエ家の息子の部屋には，フランス語の本しかない。
(8) ノルウェー人はかならずフランス語の本に関心を示すだろう。
(9) ブリエ家がノルウェーのような北部を訪れるのは初めてである。
(10) ブリエ家は森を散歩したり，カヤックに乗ったり，クジラを見たりすることを期待している。

第1回模擬試験

1 (1) ③ (2) ⑧ (3) ⑦ (4) ①

(1) ジャンは来週には南アメリカから帰国しているだろう。
(2) なにも聞こえません，シャワーを浴びていますから！
(3) 8時にはまちがいなくあなたを待っています。
(4) 英語をのぞくと，外国語はわかりません。

2 (1) rappelle (2) permet (3) tort
   (4) signe (5) donné

3 (1) soient concernés (2) convenait
   (3) critiquerais (4) avoir terminé
   (5) me suis fait

(1) A 彼はこのもめ事が自分の子どもたちとは関係ないと思っている。
   B 彼は自分の子どもたちがこのもめ事にかかわっているのかどうか疑問に思っている。
(2) A 私には君の提案を受け入れることはむずかしかった。
   B 君の提案は私にはまったく都合がよくなかった。
(3) A 私には彼(女)の出たばかりの本の欠点を指摘する勇気がない。
   B もし私に勇気があれば，彼(女)の出たばかりの本を批判するのだが。
(4) A 君が掃除をしたらテレビを見させてあげましょう。
   B 君は掃除を終えたあとでテレビを見なさい。
(5) A 父が私にこの腕時計を買ってくれた。
   B 私は父からこの腕時計を買ってもらった。

4 (1) ① (2) ② (3) ③ (4) ① (5) ①

　とても若い最初の妊娠は，アマンディーヌ家では家族の歴史ともいえる。「私の祖母は母を17歳で産み，私の母は私を22歳で産みました。30歳にもなれば**物事をもっとよく考え**

るし，みずから多くの問題を提起することができます。しかし私が娘のリュシエンヌを産んだ20歳という年齢だと，無分別だということはないのですが，日々の暮らしに追われています」と彼女はインタビューのなかで説明した。彼女の9ヶ月は問題なく過ぎていった。「私はほぼ完璧な妊娠生活を送ったと思います。幸いにも**病気にならなかった**のですから。しかし眠れなかったので，夜，食べていました。妊娠中に太るのは当然のことです」。

　リュシエンヌの最初の数年は，アマンディーヌと彼女の夫にとって幸福の源だった。父親と別れるまでは。「離婚したにもかかわらず，父親と私はあいかわらず同じように彼女を愛するだろうとリュシエンヌに説明するのはとてもむずかしかったです。それは私が母親として過ごした**もっともつらい時期**でした」と彼女はうちあけた。今はアマンディーヌと娘はコルシカ島のアジャクシオへ帰って暮らしている。一方父親はパリに残った。

　歌手アマンディーヌがツアーで旅に出るとき，娘は両親と祖母にあずける。「彼らはとても注意して娘の面倒をみてくれます。彼女は**ふつうの生活リズムを保つ**こと，同世代のすべての女の子たちと同じように学校へ行き，じゅうぶんに睡眠をとることが重要です」と彼女はうれしそうに話す。そして母親は，**とにかくけしてあまり遠くに離れない**。「彼女がパリで父親といっしょにいるとき，まさに彼女が私を愛していると言うために1日に50回も電話してきます」。

(1) ① より深く考える
　　② 行儀が悪い
　　③ あまりにも遠くへ行く
(2) ① 大成功をおさめる
　　② 病気にならない
　　③ お金に困っている
(3) ① すばらしい冒険
　　② もっとも安楽な生活
　　③ もっともつらい時期
(4) ① ふつうのリズムを保つ
　　② 信頼感に満ちている
　　③ 試練に耐える
(5) ① とにかく
　　② その場合は
　　③ 平均して

5 (1) ① (2) ② (3) ③ (4) ① (5) ②

ジャーナリスト：**あなたはどのようにして文章からイラストへ移行するのですか？**
クララ：私はどちらかというと自分をイラストレーターと考えています。デッサンは，たとえ文法はないにせよ，文章の一形態でもあります。実際に私は文章とデッサンを同時に書いていきます。

ジャーナリスト：あなたは大の読書好きですが，だれを読むのが好きですか？
クララ：私は30名ほどの名前をあげることができるでしょう。最近だと2人の作家を発見しました。
ジャーナリスト：あなたは雪の白さ，森の静けさなどに愛着があるのですか？
クララ：はい。たぶん私たち夫婦の母親が両方ともスウェーデン人だからでしょう。私はスウェーデンのイメージをずっともっています。
ジャーナリスト：あなたの本に出てくる子どもたちは，大人たちが子どものころの不器用さをいまだにもっているのに，とても思慮深い，違いますか？
クララ：その通りです。それは私にしてみればおそらく小声で次のように言うやり方なのでしょう。「大人のみなさん，ご覧なさい。あなたたちはまったく子どもっぽいですよ」。
ジャーナリスト：あなたの幻想的なアプローチへの愛着はどこからくるのでしょうか？
クララ：私は直線的なものがまんできないのです，それによってほっと安心することがまったくできないんです。私がリラックスできるのは，不明瞭なもの，魔法，目には見えないものに囲まれているときです。

① あなたはどのようにして文章からイラストへ移行するのですか？
② あなたの幻想的なアプローチへの愛着はどこからくるのでしょうか？
③ あなたの本に出てくる子どもたちは，大人たちが子どものころの不器用さをいまだにもっているのに，とても思慮深い，違いますか？
④ あなたの本のなかでは，なぜ動物たちにはとても強い存在感があるのですか？
⑤ あなたのつぎの計画は何ですか？
⑥ あなたは雪の白さ，森の静けさなどに愛着があるのですか？
⑦ あなたは大の読書好きですが，だれを読むのが好きですか？

6 (1) ② (2) ① (3) ② (4) ① (5) ① (6) ②
　 (7) ①

　その妻リザ・ゲラルディーニがレオナルド・ダ・ヴィンチの有名な絵ラ・ジョコンドのモデルの役割をはたしたかもしれないフィレンツェの商人フランチェスコ・デル・ジョコンドの家族の地下納骨所が科学者チームの手であけられた。このチームは，有名な謎のほほえみをもつ女性の身元確認に貢献できる

ような遺骨を探している。
　人一人潜りこむのにじゅうぶんな広さの開口部がジョコンド家の地下納骨所のうえにあるサンティッシマ・アンヌンツィアータ教会堂の床に切り開かれた。
　科学者チームは，地下納骨所で見つかった骨からDNAを採取して，そこから遠くない聖オルソラ女子修道院に埋葬されていた3人の女性の骨から採取したDNAと比較することを計画している。3人の女性のなかの1人の遺骨─とくに頭蓋骨─がリザ・ゲラルディーニのものかもしれない。歴史家たちによると，実際にリザ・ゲラルディーニは生涯の晩年を聖オルソラ女子修道院で過ごしたという。
　科学者チームはサンティッシマ・アンヌンツィアータ教会堂の家族地下納骨所に納められた骨のいくつかがリザ・ゲラルディーニの1人の親族─たぶん彼女の息子ピエロ─のものであることを期待している。DNAの一致が立証されたら，聖オルソラ女子修道院で発見された頭蓋骨をもとにしてリザ・ゲラルディーニの顔の復元を開始するだろう。そのあとこうして復元された顔はパリのルーヴル美術館にあるラ・ジョコンドと比較されるだろう。
　もしうまくいけば，ついに芸術愛好家の頭を離れない3つの疑問に答えることができるだろう。ゲラルディーニはラ・ジョコンドのモデルだったのか？あるいは，一部の人たちが言うように，それは別のモデルだったのか？あるいは，それはまさに画家の想像力から生まれた表象なのか？
(1) フランチェスコ・デル・ジョコンドの妻はレオナルド・ダ・ヴィンチのすべての作品のモデル役をはたしたかもしれない。
(2) 科学者チームは，リザ・ゲラルディーニの身元確認に貢献するかもしれない遺骨を探索するために，フランチェスコ・デル・ジョコンドの家族の地下納骨所をあけた。
(3) ジョコンド家の地下納骨所から出るためにサンティッシマ・アンヌンツィアータ教会堂の床に穴をうがたなければならなかった。
(4) 聖オルソラ女子修道院に埋葬されていた3人の女性のなかの1人の遺骨はリザ・ゲラルディーニのものかもしれない。
(5) 科学者チームは，サンティッシマ・アンヌンツィアータ教会堂の家族地下納骨所に納められた骨のいくつかがリザ・ゲラルディーニの息子のものであることを期待している。
(6) 科学者チームは，ルーヴル美術館のラ・ジョコンドのモデルをもとにしてリザ・ゲラルディーニの顔の復元に着手するだろう。
(7) 芸術愛好家のなかには，ラ・ジョコンドのモデルはけして実在しなかったと言う人もいる。

7 (1)② (2)④ (3)① (4)② (5)②

エミリー：ところで，見たところでは，あなたはパリを離れたいの？
ポーリーヌ：ええ，いい，私たちはほんとうに**パリにはうんざりし**始めているの。
エミリー：あ，そう！なぜ？住まいがあまりにも窮屈だから。
ポーリーヌ：その通りよ。まさにその通りよ。3部屋のマンションに4人住んでるのよ。
エミリー：ああ！でも子どもがすでに2人いるのよね！
ポーリーヌ：そうよ！知らなかったの？
エミリー：ええ！ねえ，ごめんなさい，私たちはもう長いこと会っていないのだもの。
ポーリーヌ：そうね！そして，**今や**子どもが大きくなったから，じつはもっと広い住まいを探しているのよ。
エミリー：それであなたたちはどうするつもりなの？郊外のほうへ行くの？
ポーリーヌ：だめよ，郊外は，問題外だわ，毎日会社へ行くのに1時間かかるわ。私としてはできればパリに残りたかったんだけど。でもそれは不可能よ，**家賃がひどく高い**。
エミリー：それじゃあ，どうしたいの？
ポーリーヌ：そう…じつは，そのために田舎の戸建てをと思ったのよ！
エミリー：それじゃあ，あなたたちはどこのへんぴなところへ行くの？
ポーリーヌ：南西部よ。私たちは南西部で家を探すことに**決めたの**。
エミリー：あ！南西部で。ところでなぜ南西部なの？
ポーリーヌ：オリヴィエがその地域の出身なの…だから，あちらへ帰るのは**私たちにはうれしい**ことなのよ。それに田舎だと生活費がパリほど高くないし。
(1) ① アパルトマンを探す
　　② それにうんざりする
　　③ この街になじむ
　　④ パリ住民を愛想がないと思う
(2) ① …するために
　　② …でなければ
　　③ …であるにもかかわらず
　　④ …した今となっては
(3) ① それはひどく高い
　　② そちらのほうが好ましい
　　③ 私はパリに住むほうがいい
　　④ 私たちはパリへ行って定住する
(4) ① 私たちは…をやめた

② 私たちは…を決めた
③ 私たちは…を躊躇した
④ 私たちは…をあきらめた
(5) ① それは何の役にも立たない
② それは私たちには喜びだ
③ それは必要ない
④ それはむずかしい

書き取り問題

Nous sommes partis avec mon frère et mes cousins vers sept heures. Nous avons fait un arrêt à douze heures trente pour manger au restaurant. Ce restaurant était délicieux, puis nous sommes arrivés à l'auberge de jeunesse à seize heures trente. Nous avons reçu les clés des chambres afin de nous installer tranquillement chacun dans notre chambre. Le lendemain, nous avons pris un bateau-bus pour visiter la vieille ville de Genève. Les habitants de Genève étaient très sympathiques. Nous avons vu de vieux bâtiments et l'hôtel de ville.

訳：ぼくたちは7時ごろぼくの兄[弟]と従兄弟たちといっしょに出発しました。レストランで食事をするために12時30分に休憩をとりました。そのレストランはおいしかったです。そのあとぼくたちは16時30分にユースホステルに着きました。ぼくたちは各自，部屋で静かに落ち着けるように部屋の鍵を受けとりました。翌日は，ジュネーヴの旧市街を訪れるために水上バスに乗りました。ジュネーヴの住民はとても感じがよかったです。ぼくたちは市役所の古い建物を見学しました。

聞き取り問題

1 (1) (dispose) (nettoyage)
(2) (vendus)
(3) (habitués) (passage)
(4) (subir)
(5) (courageux)
(6) (expérience)

（読まれるテキスト）

La journaliste：Comment se passent vos journées ?

Samuel：Quand j'arrive le matin, je prépare la viande. Cela me prend environ une heure trente. Ensuite je m'occupe du nettoyage car il n'y a pas de femme de ménage, et je dispose les produits en vitrine. Je prépare également des sandwichs qui seront vendus le midi. Le reste de la journée est occupé essentiellement par le contact avec la clientèle.

La journaliste：Quels sont les avantages et les inconvénients du métier ?

Samuel：Le seul avantage, c'est la relation que l'on a avec la clientèle. Certains clients sont des habitués mais il y a également beaucoup de gens de passage. Au niveau des inconvénients, c'est un métier assez difficile physiquement. On se coupe souvent les mains et on doit subir le froid et l'humidité. On doit également rester toujours debout.

La journaliste：Quelles sont les qualités nécessaires pour exercer ce métier ?

Samuel：Il faut être courageux et motivé. La motivation est très importante. Il faut également avoir le goût du contact et être aimable pour fidéliser sa clientèle.

La journaliste：Quels conseils donnez-vous à ceux qui souhaitent devenir bouchers ?

Samuel：C'est un métier où l'essentiel s'apprend sur le terrain. L'expérience est la meilleure des formations.

（読まれる質問）

(1) Qu'est-ce que Samuel fait, quand il arrive le matin ?
—Il prépare la viande et il (dispose) les produits en vitrine

　　　 après le (nettoyage).
(2) Pourquoi est-ce que Samuel prépare également des sandwichs ?
　—Parce qu'ils seront (vendus) à midi.
(3) Quels clients viennent à la boucherie de Samuel ?
　—Ce ne sont pas seulement des (habitués), mais aussi beaucoup de gens de (passage).
(4) Quels sont les inconvénients du métier ?
　—On se coupe souvent les mains, on doit (subir) le froid et l'humidité et rester toujours debout.
(5) Quelles qualités faut-il pour exercer ce métier ?
　—Il faut être (courageux) et motivé.
(6) Quelle est la meilleure des formations pour devenir boucher ?
　—C'est l'(expérience).

ジャーナリスト：あなたの日々はどのように過ぎていきますか？
サミュエル：毎朝店に着いたら肉の準備をします。それには1時間30分ほどかかります。つぎに，**掃除**は私の担当です。というのは家政婦がいないからです。そして，ショーケースに製品を**並べ**ます。私はお昼に**売れる**サンドイッチも用意します。一日の残った時間はおもに接客に忙殺されます。
ジャーナリスト：仕事の利点と難点は何ですか？
サミュエル：唯一の利点はお客さんたちとの人間関係です。一部のお客さんは**常連**ですが，**通りすがり**の人もたくさんいます。難点についていえば，これは肉体的にかなりきびしい仕事です。よく手を切ります。寒さと湿気に**耐え**なければなりません。また，つねに立ったままでいなければなりません。
ジャーナリスト：この仕事をするために欠かせない資質は何ですか？
サミュエル：熱心で**やる気**がなければなりません。モチベーションはとても重要です。人との交わりが好きで，お客さんをつかむために愛想がいいことも必要です。
ジャーナリスト：肉屋になりたいと思っている人たちにどんなアドバイスがありますか？
サミュエル：これは，もっとも重要なことを現場で習得する仕事です。経験こそ肉屋養成のなかで最良のものです。

(1) 毎朝店に着くと，サミュエルはなにをしますか？
　—肉の準備をして，**掃除**をしたあと，ショーケースに製品を**並べ**ます。
(2) なぜサミュエルはサンドイッチの用意もするのですか？
　—お昼に**売れる**からです。
(3) どんなお客さんたちがサミュエルの精肉店には来ますか？
　—**常連さん**ばかりではなく，**通りすがり**の人たちもたくさん来ます。
(4) 仕事の難点は何ですか？
　—よく手を切ります。寒さと湿気に**耐え**なければなりませんし，つねに立ったままでいなければなりません。
(5) この仕事をするために必要な資質は何ですか？
　—熱心で**やる気**がなければなりません。
(6) 肉屋になるための養成のなかで最良のものは何ですか？
　—それは**経験**です。

57　**2**　(1) ②　(2) ②　(3) ②　(4) ①　(5) ①
　　　　(6) ①　(7) ②　(8) ②　(9) ①　(10) ②

（読まれるテキスト）

　Je m'appelle Jérôme Martin. J'étais étudiant de Saint-Malo, en Bretagne quand je me suis cassé le dos et que je suis resté immobilisé pendant six mois. J'ai suivi des cours de guitare par correspondance, puis j'ai commencé à poster mes propres chansons sur Internet pour m'amuser.

　Pendant six mois, je n'ai eu que dix vues, puis, un jour, les chiffres ont explosé sur la côte ouest des États-Unis. En un an, je suis passé à un million de vues ! Contacté par un directeur de télévision, je me suis lancé. Grâce à son aide, j'ai sorti mon premier album.

　Un an après, me voilà devant 11 000 personnes aux Francofolies de La Rochelle* ! Cet incroyable succès, je le dois à un délicieux mélange de folk et de musique électronique, mais aussi à la magie d'Internet. Il y a trois ans, je ne connaissais rien à la guitare, j'ai beaucoup travaillé pour en arriver là**. Je ne pensais jamais pouvoir vivre ce rêve !

　Quand j'étais enfant, je n'étais pas concentré et je ne tenais pas en place. La musique m'a formé ! Ma mère musicienne m'a inscrit à six ans au conservatoire de Saint-Malo, avec mes deux sœurs. J'avais un prof génial. Il me donnait des leçons de piano. Il me disait : « Laisse tomber la partition***, on va improviser**** ». Il m'a appris à m'éclater et à aimer la musique !

　　*Francofolies de La Rochelle：フランコフォリー・ドゥ・ラ・ロシェル（各国のアーティストたちがラ・ロシェルに顔をそろえるフェスティヴァル）
　**en arriver là：とんでもない事態になる
　***partition：楽譜
****improviser：即興で演奏する
（読まれる内容について述べた文）

(1) Jérôme n'a pas pu se déplacer pendant six mois à cause d'une fracture à une jambe.
(2) Jérôme a suivi des cours particuliers de guitare.
(3) C'est pour se lancer que Jérôme a posté ses propres chansons sur Internet.
(4) Les chiffres des vues ont augmenté rapidement sur la côte ouest des États-Unis.
(5) Un directeur de télévision a aidé Jérôme à mettre son album en vente.
(6) Un an après la sortie de son premier album, Jérôme s'est produit aux Francofolies de La Rochelle.
(7) D'après Jérôme, il ne doit son incroyable succès qu'à son talent musical.
(8) Jérôme a prévu la réalisation de son rêve depuis trois ans.
(9) Jérôme avait six ans quand sa mère l'a dirigé vers la musique.
(10) Jérôme a rencontré un professeur qui accorde de l'importance à la partition plus qu'à l'improvisation.

　私の名前はジェローム・マルタンです。ブルターニュ地方のサン・マロの学生でしたが，そのとき背中を痛めて，6ヶ月間動けませんでした。私は通信教育でギターの授業を受けました。つぎに遊びでインターネットに自分の歌を投稿し始めました。

　6ヶ月間10人の閲覧者しかいませんでした。その後，ある日アメリカ西海岸で数字が爆発的に伸びました。1年で私は100万人の閲覧者をもつに至りました！テレビのディレクターから連絡があり，私は世に出ました。そのディレクターの支援のおかげで，私は最初のアルバムを発売しました。

　1年後，私はフランコフォリー・ドゥ・ラ・ロシェルで11,000人の観客をまえにしていました！これは信じられない成功です。私はこれをフォークと電子音楽の心地よい融合ばかりではなく，インターネットの魔法によるものだと思います。3年まえ私はギターのことなどなにも知りませんでした。私は猛勉強して，その結果，こんなとんでもない事態になったのです。私はこんな夢のような生活を送ることができるとは一度も思ったことはありませんでした！

　子どものころ，私は集中力がなくて，少しもじっとしていませんでした。私は音楽によって育てられました！ミュージシャンだった母は，6歳のとき，私を2人の姉妹といっしょにサンマロの音楽学校に入学手続きをしました。私にはすばらしい先生がいました。彼は私にピアノのレッスンをしてくれました。彼は私に「楽譜は放っておきなさい。即興で演奏するのです」と言っていました。彼は私にはじけることと音楽を愛することを教えてくれました！

(1) ジェロームは脚の骨を骨折したために6ヶ月間動けなかった。
(2) ジェロームはギターの個人レッスンを受けた。
(3) ジェロームが自分の歌をインターネットに投稿したのは世に出るためである。
(4) 閲覧者数はアメリカ西海岸で急速に増えた。
(5) テレビのディレクターはジェロームがアルバムを売りだすのを支援してくれた。
(6) 最初のアルバムが発売されて1年後，ジェロームはフランコフォリー・ドゥ・ラ・ロシェルに出演した。

- (7) ジェロームに言わせれば，信じられない成功はひとえに彼の音楽の才能だけによる。
- (8) ジェロームは３年まえから夢の実現を予見していた。
- (9) 母親が音楽のほうへ向かわせたとき，ジェロームは６歳だった。
- (10) ジェロームは即興演奏よりも楽譜を重視する先生に出会った。

面接試験応答例

La candidate : Madame, monsieur, bonjour.

Le jury : Bonjour. Asseyez-vous, je vous en prie. D'abord, présentez-vous, s'il vous plaît.

La candidate : Je m'appelle Yuri Tanaka. Je suis étudiante en troisième année de l'Université Johoku. Je me spécialise dans le droit international.

Le jury : Aimez-vous votre ville ? Pourquoi ?

La candidate : J'aime la ville de Kumamoto, fondée autour d'un château féodal, parce que c'est ma ville natale et qu'elle renferme mes plus beaux souvenirs. J'aime ses rues et ses maisons, ses parcs et ses monuments, ses routes et son calme. Chaque endroit me rappelle mon adolescence, mes premiers amours, mes premières bêtises... Le climat y est doux, parce qu'elle est près de la mer, pas très loin de la montagne. Les gens sont accueillants et chaleureux et nous avons beaucoup de boutiques sympas. On y trouve une culture diversifiée et bien intégrée dans la société.

Le jury : Je vous remercie. C'est tout pour aujourd'hui. Au revoir.

La candidate : Je vous remercie. Au revoir, madame, monsieur.

受験者：こんにちは。
面接委員：こんにちは。どうぞ，おかけください。まず，自己紹介をお願いします。
受験者：田中ゆりといいます。城北大学の３年生です。専門は国際法です。
面接委員：あなたの町は好きですか？それはなぜですか？
受験者：私は城下町熊本が好きです。というのは，そこは私が生まれた町ですし，ここには私の一番美しい思い出がつまっているからです。熊本の通りと家々，公園と記念建造物，道路と穏やかさが好きです。町の至る所から私の思春期，初めての恋や失敗…が思いだされます。気候は温暖です。というのは，海が近いし，山もさほど遠くないからです。人々は愛想がよくて，心がこもっています。それに感じのいい店がたくさんあります。多様な文化があって社会にうまく溶けこんでいます。
面接委員：ありがとうございました。きょうはこれで終了です。さようなら。
受験者：ありがとうございました。さようなら。

第２回模擬試験

[1] (1) ② (2) ⑥ (3) ⑧ (4) ③

- (1) 彼女が旅に出たのは両親の同意があったからです。
- (2) 私はいかなる場合も不正を許すことはないでしょう。
- (3) ２列に並んでください。
- (4) きょうは浮かぬ顔だね，どうしたの？

[2] (1) peine (2) courant (3) dit (4) cas (5) tiens

[3] (1) a résolu (2) nous dépêchions (3) tiendrait (4) est condamnée (5) baissiez

- (1) A 私の生徒のなかのだれも数学の問題の解答を見つけられなかった。
  B 私のクラスでは，だれも数学の問題を解決できなかった。
- (2) A 万事休す。私たちは走ってもむだだ，バスをつかまえることはできない。
  B 私たちはバスに乗るために急いでもむだだ，遅すぎる。
- (3) A 予想していたのとは反対に彼は約束を破った。
  B 私は彼が約束を守ると思っていた。
- (4) AB 嵐のせいで彼女は家にじっとしていざるをえない。

(5) A もっと小さい声で話してくれますか？先生の声が聞きとれません。
　　B もしあなたたちが少し声をおとしてくれたら，私はもっとよく先生の声が聞きとれるのだが。

4 (1) ② (2) ① (3) ③ (4) ③ (5) ①

　エリーズ，フロラン，シャルロット，ギヨーム，ケヴァンはコルマールの学生たちだ。勉学**の一環として**彼らはある団体のためにイベントを企画しなければならない。彼らはよく知られている小中学生の連帯活動として，飢餓救援レースを企画することにした。「このレースはコルマールのヨーロッパ・スタジアムで**行なわれるでしょう**。あらゆる世代の多くの志願者が飢餓をなくすために走ったり，歩いたりするために待っています」と学生たちは説明する。
　1人1キロ走るごとに団体に1ユーロ入る。このお金は**宣伝のために**活動に出資している企業や商店から払われる。こうして集まったお金は，毎冬，フランスの至る所にいるもっとも貧窮している人たちに食糧と生活必需品を配給している「心のレストラン」のもとへ移される。
　「多くの人たちが，あなたの援助**のおかげで**きっとより楽しい時間を過せるでしょう」と学生たちは付言する。参加は自由だし無料だ。飲みものとお菓子がレースのあとでランナーたちを**待っているだろう**。

(1) ① …のかわりに
　　② …の一環として
　　③ …を放棄することによって
(2) ① 展開するでしょう
　　② 置かれるでしょう
　　③ 表現されるでしょう
(3) ① ほとんど費用をかけずに
　　② 若い才能を発見するために
　　③ 宣伝するために
(4) ① …のとなりに
　　② …以下で
　　③ …のおかげで
(5) ① 待つだろう
　　② 太らせるだろう
　　③ 害するだろう

5 (1) ⑤ (2) ② (3) ③ (4) ⑦ (5) ④

ジャーナリスト：**あなたはいつパティシエ長になりたいと思っていることがわかったのですか？**
デュボワ夫人：私はたくさんの料理を作りながら成長してきました。私の母は「家の」卓越した料理人でした。16歳のとき私は料理学校へ通うことにしました。その後，私はケーキとショコラに強い関心を抱くようになりました。私が第一歩をふみ出したのはそのようにしてです。
ジャーナリスト：**あなたのやっていることに大きな影響をあたえた人はいますか？**
デュボワ夫人：私の経歴のなかで，また人生において2人のとても大切な人がいました。まず夫は私を元気づけてくれるし，いつも私をしっかり支えてくれます。それからメイユール・ウヴリエ・ドゥ・ショコラティエの称号をもつ友人がいます。この人は私にとって友人以上，家族のような存在です。
ジャーナリスト：**たえず刷新していくというのは挑戦ですか？**
デュボワ夫人：そうです，私たちは創造性を示さなければなりません。私たちの最善を尽くし，ほかのものを生みだすと決め，今やっていることにとどまるべきではありません。
ジャーナリスト：**あなたが作ったものをせめて1つ試食することができるとしたら，私はどれを試食すべきでしょうか？**
デュボワ夫人：ほんとうにわかりません。たぶん私が全部好きだからでしょう。でも私のお気に入りの1つはおそらく海塩入りダブルキャラメルと呼ばれるものでしょう。私ならこれを選ぶと思います。
ジャーナリスト：**あなたのショコラはどこへ行けば入手できるのですか？**
デュボワ夫人：私たちの販売活動の95％は，ホテルや保養センターへの卸売りです。でもそう，私たちが作った製品のためのチェーン店もある。それはもちろんオンラインで入手可能です。というのは，私たちのウェブサイトがあって，人々はそこで注文できるからです。

① あなたの成功の原因は何ですか？
② あなたのやっていることに大きな影響をあたえた人はいますか？
③ たえず刷新していくというのは挑戦ですか？
④ あなたのショコラはどこへ行けば入手できるのですか？
⑤ あなたはいつパティシエ長になりたいと思っていることがわかったのですか？
⑥ あなたの職業の利点と難点は何ですか？
⑦ あなたが作ったものをせめて1つ試食することができるとしたら，私はどれを試食すべきでしょうか？

6 (1) ② (2) ① (3) ③ (4) ① (5) ① (6) ② (7) ②

　サッカーは地球上でもっとも行われているスポーツの1つである。これは莫大なお金を

もたらす。しかし環境のためになることしかないわけではない。
　サッカーをするには，22名のプレイヤーと1個のボールが必要である。しかし，肥料と殺虫剤と大量の水を使ってよく手入れされた美しい芝地も必要だ。そして大きなチームの場合，スタジアム，照明，観客をもてなすものも必要になる。サッカーはまだ環境保護のチャンピオンなどとはとうてい言えない。ところがより「環境にやさしい」サッカーのやりかたが現われてきている。
　英国のいくつかのサッカークラブは自分たちの環境への影響という問題について考えた。いいかえれば，1試合のサッカーから生じる大気汚染の量に関する問題である。結果を目にしたとき　彼らは行動することを決めた。「サステナビリティ・イン・スポーツ」とよばれる財団は，これらトップリーグのいくつかのクラブが環境によりやさしくなれるように創設された。環境によりやさしい初めての試合が行なわれたのは先月のことである。この機会に際して，電気は風によって電気を作る風力発電だった。グラウンドにまくために雨水を利用したり，草を使って屋根をとり付けたりするというもっと野心的な計画が研究されている。
(1) サッカーは利益をほとんどもたらさないスポーツである。
(2) 肥料も殺虫剤もなかったら，サッカースタジアムの美しい芝地を手入れすることはできない。
(3) アメリカのいくつかのサッカークラブは「サステナビリティ・イン・スポーツ」とよばれる財団を設立した。
(4) 「サステナビリティ・イン・スポーツ」という財団の目的は環境保護である。
(5) サッカーの環境への影響は，環境保護の観点から無視できない。
(6) 先月の試合のとき，電気は太陽光発電だった。
(7) トップリーグのサッカーの試合は雨がグラウンドをうるおしたあとで行なわれるだろう。

7 (1) ① (2) ① (3) ③ (4) ② (5) ①

ピエール：ところでマノン，君は2日まえの「ル・モンド」を読んでるの？
マノン：ええ，確かにこれは今日のものじゃないわ　でも，ねえ，私は「ル・モンド」を毎日は買わないよ。そうすると**高くつ**くし，「ル・モンド」は，活字がびっしりつまっている，だから読むところがたくさんある。
ピエール：「ル・モンド」は今年値上げした。それはコーヒー1杯分の値段ですか？

マノン：そうね，でも私は新聞を読みながら**コーヒーを飲むから**，それで値段は倍増する。
ピエール：すると，君は週に1紙しか読まないの？
マノン：いいえ，地方で**なにが起こっているか**知るために地方の日刊紙も読むわ。
ピエール：それは買うの？
マノン：これも毎日は買わない。ときどきは図書館へ新聞を読みにいくこともあるわ。
ピエール：じつは，読書室が無料だからかい？
マノン：そうよ，私はそこに居座るのよ。**原則として**そこはじゅうぶんに静かだから，落ちついて新聞が読めるわ。
ピエール：でも雑誌も読むの？
マノン：そうよ，ガーデニングの雑誌は大好きだわ。私は小さな庭をもっているから，雑誌はたくさんのアドバイスやアイデアをくれるの。
ピエール：わかった，そう。ぼくはそれらの**雑誌のことはなにも知らない**。でも非常にたくさんの雑誌があるのだと思う。
マノン：そうよ。でもお気に入りがあるから。

(1) ① それは高くつく
　　② この新聞は売り上げの低下に気づいている
　　③ それはむずかしすぎる
　　④ それを買うのはあきた
(2) ① 私はコーヒーを飲むので
　　② 私がテレビを見るにもかかわらず
　　③ 私はニュースを知っているのだから
　　④ もし私がレストランで昼食をとれば
(3) ① 新聞は何の役にたつの
　　② どんな口調で話しているの
　　③ なにが起こっているか
　　④ なにをしたいのか
(4) ① 今日
　　② 原則として
　　③ 不幸なことに
　　④ しかしながら
(5) ① 私は…についてなにも知らない
　　② 私は…を知っている
　　③ 君は私に貸すだけでいい
　　④ 君は読むべきではない

書き取り問題

J'ai 18 ans et j'ai toujours été fière d'avoir une belle grande famille avec une grand-mère adorable et en forme malgré son âge. N'habitant plus chez mes parents à cause de mes études, j'étais loin de cette grand-maman.

Ainsi, je lui rendais un peu moins visite mais ne l'oubliais pas malgré tout. Chaque fois que j'allais la voir, je lui répétais combien elle était belle et combien je l'aimais. Malheureusement, le premier avril, ma grand-mère est morte dans son sommeil. Elle avait 94 ans. Certains me disent qu'elle a eu une longue vie, mais pour moi, elle me semblait éternelle.

訳：私は18歳です。愛らしくて年齢に似合わず元気な祖母がいる立派な大家族をいつも自慢に思っていました。勉学のためにもう実家には住んでいないので，この祖母からも遠く離れていました。そういうわけで，彼女を訪ねる回数も少し減っていました。しかし，それでもなお彼女のことを忘れたことはありませんでした。彼女に会いにいくたびに，私は，彼女がどれほど美しいか，私が彼女をどれほど愛しているかということをくり返し言っていました。不幸なことに，4月1日に祖母は眠りのなかで他界しました。94歳でした。彼女は長寿だったと言う人もいますが，私からみれば，彼女は永遠であるように思えていました。

聞き取り問題

76 1 (1) (timide)
    (2) (ressentait) (popularité)
    (3) (jour)
    (4) (tendance) (normaux)
    (5) (parole)
    (6) (protéger)

（読まれるテキスト）

La journaliste : Quel enfant étiez-vous ?

Matthieu : Un enfant terriblement timide qui, sans amis, jouait tout seul. Je me réfugiais dans un monde rien qu'à moi.

La journaliste : Quand avez-vous commencé à créer ?

Matthieu : J'ai dessiné très jeune car cela me permettait d'exprimer tout ce que je ressentais. C'était aussi un moyen de gagner un peu de popularité auprès de mes camarades de classe. Le jour où j'ai eu ma première caméra, cela a changé ma vie. Certains copains étaient ravis que je leur demande de participer à mes films.

La journaliste : Comment définiriez-vous votre style ?

Matthieu : Tout jeune, j'ai voulu montrer que les gens apparemment normaux me faisaient peur. Je crois qu'on retrouve encore cette tendance dans mon travail actuel. La grande différence est que je me sens beaucoup moins seul aujourd'hui. J'ai appris à m'accepter tel que je suis.

La journaliste : Estimez-vous faire partie du courant de contre-culture ?

Matthieu : Si on pense que ce courant permet de donner la parole aux gens hors du commun, je réponds « d'accord ».

La journaliste : Vous parlez beaucoup de la mort dans vos films.

Matthieu : Sans doute est-ce encore une façon de me rassurer. Je pense que montrer ce qui fait peur est une façon de s'en protéger.

（読まれる質問）

(1) Comment Mathieu était-il dans son enfance ?
— Il était terriblement (timide) et se réfugiait dans un monde rien qu'à lui.

(2) Pourquoi Matthieu a-t-il commencé à dessiner ?
— Pour exprimer tout ce qu'il (ressentait) et pour gagner un peu de (popularité) auprès de ses camarades de classe.

(3) Quand est-ce que la vie de Matthieu a changé ?
— C'est le (jour) où il a eu sa

première caméra.
(4) Le style actuel de Matthieu est-il différent de son style passé ?
— Non, car il a encore (tendance) à montrer que les gens apparemment (normaux) lui font peur.
(5) Quel est le courant de contre-culture ?
— C'est un courant qui permet de donner la (parole) aux gens hors du commun.
(6) Pourquoi Matthieu parle-t-il beaucoup de la mort dans ses films ?
— Parce qu'il pense que montrer ce qui fait peur est une façon de s'en (protéger).

ジャーナリスト：あなたはどんな子どもでしたか？
マチュー：ひどく臆病で，友だちもいなくてたった１人で遊んでいるような子どもでした。私だけの世界に逃げこんでいたのです。
ジャーナリスト：いつあなたは創作を始めたのですか？
マチュー：ごく若いころ私は絵を描いていました。というのは，そうすることで私は感じることをすべて表現することができたからです。それはまた，クラスメートのあいだで多少の人気をえる方法でもありました。初めてのカメラを手にした日に人生が変わりました。私の映画への協力を頼んだことで何人かの友だちは大喜びでした。
ジャーナリスト：あなたのスタイルをどのように定義しますか？
マチュー：ごく若いころは，見かけは正常な人たちから恐怖をあたえられることを表現したかったのです。今の仕事にもそうした傾向はまだ見られると思います。大きな違いは，今は昔と比べてはるかに孤独だと感じなくなっていることです。私はあるがままの自分を受けいれることを学びました。
ジャーナリスト：あなたはカウンターカルチャーの流れに属していると思いますか？
マチュー：もしこの流れによって非凡な人たちに発言の機会をあたえることが可能になるのであれば，私は「そのとおりです」と答えましょう。
ジャーナリスト：あなたは映画のなかで死について多くを語っていますね？
マチュー：たぶんそれはまだ安心できる方法なのでしょう。私は，なにが恐怖をあたえるのかをしめすことこそ，それから身を守る方法だと思います。
(1) マチューは少年時代どんな子どもでしたか？
—ひどく**臆病**で，自分だけの世界に逃げこんでいました。
(2) なぜマチューは絵を描き始めたのですか？
—**感じている**ことをすべて表現するためと，クラスメートのあいだで多少の**人気**をえるためです。
(3) マチューの人生はいつ変わりましたか？
—彼が初めてのカメラを手にした**日**です。
(4) マチューの今のスタイルは昔のスタイルと違いますか？
—いいえ，というのは，見かけは**正常な**人たちに恐怖をあたえられることを表現する**傾向**はまだあるからです。
(5) カウンターカルチャーの流れとは何ですか？
—これは非凡な人たちに**発言の機会**をあたえることを可能にする流れです。
(6) なぜマチューは映画のなかで死について多くを語っているのですか？
—なにが恐怖をあたえるのかをしめすことが，それから**身を守る**方法だと考えるからです。

77　②　(1) ②　(2) ②　(3) ①　(4) ②　(5) ①
　　　(6) ①　(7) ②　(8) ①　(9) ①　(10) ①

（読まれるテキスト）

Je m'appelle Emma Moreau. Je travaille au service météo à la télévision publique belge depuis 20 ans.

Notre journée démarre à 9 heures et se termine vers 19 heures, parfois 20 heures. Pour ma part, quand je me lève, je regarde le temps et je sens s'il fait chaud ou froid. Arrivée au bureau, je regarde les premières cartes météo qui nous sont envoyées de Paris, par Météo France. Là-bas, les météorologues, c'est-à-dire ceux qui prévoient le temps pour demain ou les jours à venir, ont déjà reçu des informations du monde entier. Quand ils ont une idée du temps qu'il va faire en Belgique, ils nous envoient les informations. Mais parfois les termes sont compliqués. C'est donc à nous ensuite, à la présentation de la météo, de rendre ça accessible à tous.

Ceux qui regardent la météo veulent savoir s'ils doivent se couvrir ou prendre leur parapluie. Il faut donc expliquer aux gens le plus simplement possible le temps qu'il fera le lendemain. Je dois ensuite apprendre mon texte par cœur. Je dois passer au maquillage et changer aussi de vêtements avant l'entrée en studio.

C'est dans un studio virtuel que j'entre. Ça veut dire que je me place devant un écran vert. Le principe, c'est que le vert peut être remplacé par n'importe quelle image. Pour la météo, ce sont des cartes météo. Le téléspectateur les voit, mais moi je ne vois qu'un écran vert.

（読まれる内容について述べた文）
(1) Emma travaille à une station de télévision française.
(2) Emma travaille 8 heures ou 9 heures par jour.
(3) Les premières cartes météo sont envoyées de Paris, par Météo France, en Belgique.
(4) Les météorologues ne reçoivent à Paris que des informations des pays d'Europe.
(5) À la présentation de la météo, Emma doit exprimer les termes compliqués en utilisant d'autres mots plus faciles.
(6) Ceux qui regardent la météo veulent savoir s'ils doivent s'habiller chaudement avant de sortir.
(7) Emma traduit son texte en anglais avant la présentation de la météo.
(8) Emma se maquille et change de vêtements avant d'entrer en studio.
(9) Emma présente la météo dans un studio virtuel.
(10) Un écran vert sur lequel on projette des cartes météo est installé dans le studio virtuel.

　私の名前はエマ・モローです。20年まえからベルギー公共テレビの天気予報部局で働いています。
　私たちの一日は9時に始まって，19時，ときには20時ごろ終わります。私としては，起きると天気を見ます。そして暑いのか寒いのか感じます。オフィスに着くと，パリのメテオ・フランスから送られてくる最初の天気図を見ます。パリでは，天気予報官，つまり明日あるいは数日後の天気を予想する人たちは，すでに全世界の情報を受けとっています。彼らにベルギーの天気がどうなるか見当がつくときは，私たちに情報を送ってくれます。しかし，用語がむずかしいときがあります。したがって，そのあと天気解説のときに，これをだれにでもわかるようにするのは私たちの役目です。
　天気予報を見ている人たちは厚着をしなければならないかとか傘をもっていかなければならないかを知りたがります。だから，こういう人たちに翌日の天気がどうなるかをできるだけ簡単に説明しなければなりません。そのあと私は原稿を暗記しなければなりません。スタジオに入るまえにメーキャップ室に移り，服の着替えもしなければなりません。
　私が入るのはバーチャルなスタジオです。それは，私が緑のスクリーンのまえに立っていることを意味します。原則として緑はどんな映像にも置きかえることができます。天気予報の場合，それは天気図になります。テレビ視聴者はそれを見ていますが，私には緑のスクリーンしか見えていません。
(1) エマはフランスのテレビ局で働いている。
(2) エマは1日に8時間か9時間働く。
(3) 最初の天気図はパリのメテオ・フランスからベルギーに送られてくる。
(4) パリの天気予報官たちはヨーロッパ各国の情報だけを受けとる。
(5) 天気予報の解説で，エマはむずかしい用語を，より簡単なほかの単語を使って表現しなければならない。
(6) 天気予報を見ている人たちは，外出するまえに温かい服装をしなければならないのかどうかを知りたがる。
(7) エマは天気予報を解説するまえに原稿を英語に翻訳する。
(8) エマはスタジオに入るまえに化粧して服を着替える。
(9) エマはバーチャルなスタジオで天気予報を発表する。
(10) 天気図を映写できる緑のスクリーンはバ

―チャルなスタジオに設置されている。

面接試験応答例

Le candidat : Madame, monsieur, bonjour.
Le jury : Bonjour. Asseyez-vous, je vous en prie. D'abord, présentez-vous, s'il vous plaît.
Le candidat : Je m'appelle Ken Yamada. Je travaille à mon compte. Je sers d'interprète pour des touristes français.
Le jury : Pourriez-vous vivre sans téléphone portable ?
Le candidat : Je ne m'imagine pas la vie sans portable. J'ai deux téléphones portables, un privé et un professionnel. Cependant je n'en abuse pas, je ne passe pas des heures à parler, mais pour moi, c'est une sorte de contact invisible qui me rassure au quotidien. Si je pars en week-end avec ma femme et personne n'appelle, ça veut dire que tout va bien. Je ne sais pas comment on faisait avant, mais aujourd'hui, si mes enfants partent en vacances, ils me préviennent qu'ils sont bien arrivés. Le téléphone portable est très utile pour prévenir qu'on a du retard, si on a besoin de joindre une personne tout de suite. Chacun peut avoir son opinion. Pour moi, c'est difficile de vivre sans portable.
Le jury : Je vous remercie. C'est tout pour aujourd'hui. Au revoir.
Le candidat : Je vous remercie. Au revoir, madame, monsieur.

受験者：こんにちは。
面接委員：こんにちは。どうぞ，おかけください。まず，自己紹介をお願いします。
受験者：山田健といいます。独立して働いています。フランス人観光客のために通訳をしています。
面接委員：あなたは携帯電話がなかったら生活できるでしょうか？
受験者：携帯電話なしの生活なんて考えられません。私はプライベート用と仕事用と2台の携帯電話をもっています。ただし乱用はしません。通話に何時間もかけることはありません。ただ私にとって，これは日々の生活で私を安心させてくれる目に見えないつながりのようなものなのです。週末妻と出かけて，だれからも電話がなければ，なにごともうまくいっていることを意味します。以前はどのようにしていたのかわかりません。しかし今は，子どもたちがヴァカンスに出かけると，無事に着いたことを私に知らせてきます。携帯電話は，すぐに人と会う必要があるときに遅刻しそうだということを知らせるのに，とても役立ちます。意見は人それぞれです。私にとっては，携帯なしで生活することはむずかしいです。
面接委員：ありがとうございました。きょうはこれで終了です。さようなら。
受験者：ありがとうございました。さようなら。

完全予想　仏検2級［改訂版］
―書き取り問題・聞き取り問題編―
（別冊　解答編）

2019. 7. 1　改訂版

発 行 所　　株式会社　駿河台出版社

〒101-0062　東京都千代田区神田駿河台3の7
電話03(3291)1676　FAX03(3291)1675
振替００１９０-３-５６６６９

印刷・製本　（株）フォレスト